首都圏版㉕　**最新入試に対応！ 家庭学習に最適の問題集!!**

国府台女子学院小学部

2020 ～ 2021 年度過去問題を掲載

昭和学院小学校

2021 年度過去問題を掲載

2022 年度版　過去問題集

<問題集の効果的な使い方>

①お子さまの学習を始める前に、まずは保護者の方が「入試問題」の傾向や難しさを確認・把握します。その際、すべての「学習のポイント」にも目を通しましょう。
②入試に必要なさまざまな分野学習を先に行い、基礎学力を養ってください。
③学力の定着が窺えたら「過去問題」にチャレンジ!
④お子さまの得意・苦手が分かったら、さらに分野学習をすすめレベルアップを図りましょう!

合格のための問題集

国府台女子学院小学部

お話の記憶	お話の記憶　中級編
数量	Jr・ウォッチャー 37「選んで数える」
知識	Jr・ウォッチャー 11「いろいろな仲間」
図形	Jr・ウォッチャー 46「回転図形」
推理	Jr・ウォッチャー 31「推理思考」

昭和学院小学校

見る記憶	Jr・ウォッチャー 20「見る記憶・聴く記憶」
お話の記憶	お話の記憶　中級編
言語	Jr・ウォッチャー 60「言葉の音」
数量	Jr・ウォッチャー 15「比較」
数量	Jr・ウォッチャー 40「数を分ける」

日本学習図書（ニチガク）

目指せ！合格！

家庭学習ガイド
国府台女子学院小学部

ペーパー　行動観察　親子面接

入試情報

応募者数：女子 188 名
出題形態：ペーパー、ノンペーパー
面　　接：保護者・志願者面接
出題領域：ペーパー（記憶、数量、図形、言語、常識など）、行動観察

入試対策

2021 年度の入試は感染症対策を施して行われましたが、内容は昨年度変わらず、ペーパーテスのほか、行動観察、親子面接が行われています。当校のペーパーテストでは、小学校受験としては若干難度の高い問題が出題されていたのですが、ここ数年は若干やさしくなっています。お話の記憶の問題も捻った設問があり、解答に迷うお子さまも多かったのですが、最近はスタンダードなものに変わってきました。しかし、数量の問題では現在でも 10 以上の数が出題されています。小学校受験としてはレベルの高い問題ですから、このことを考えた上での対策を行っておいた方がよいでしょう。

●行動観察では、それほど難しい課題は出題されませんが、単純な指示や簡単な遊びほど、お子さま本来の姿が現れます。日頃の生活の中で、自分の考えを持ち、相手のことを考えるといった、基本的なコミュニケーションがとれるようにしていきましょう。

●面接では、保護者には、志望動機、教育方針、子育ての悩みなど、志願者面接には、仲良しの友だちの名前、好きな遊び、大きくなったら何になりたいかなどの基本的な質問が中心です。

「国府台女子学院小学部」について

＜合格のためのアドバイス＞

当校は、仏教系の学校であり、千葉県で唯一、女子の小・中・高一貫教育を行っている学園です。仏教行事を通しての教育を実践する中で、感謝と慈悲の心を育成しています。また、茶道教室の体験といった伝統文化との関わり、本格的な施設での芸術鑑賞など、全学年を通して、情操教育にも力を入れています。授業見学の際、その点に魅力を感じて志願を決める保護者も少なくありません。

2021年度入試も、例年通りペーパーテスト、行動観察、面接という形で行われました。

ペーパーテストでは、数量（計数）、思考（常識、言語、推理）、記憶（お話、位置、絵）などが出題されています。難度は若干高めですが、日々の生活の中で言葉を身に付けることと、基礎問題をしっかり行うことに注力してください。複合的な問題が多いので、出題パターンを覚えるのではなく、基礎をしっかり学習し、考える力を身に付けることが大切です。

過去に行われた行動観察では、「気を付け」の姿勢を数分間続けるという忍耐力が必要な課題も出されました。これは、「人の話を聞く時は、静かに耳を傾ける」という、学校生活を円滑に行うことができる素地を観るための出題です。元来、お子さまにはない能力ですから、身に付けるには時間を要しますが、日頃からこのような作法や姿勢を心がけておくとよいでしょう。

面接試験の直前にアンケートの記入がありました。内容はいたって普通ですが、スペースがあまりなく、回答が長いと書ききれないので、簡潔に答えられるように整理しておいてください。質問の中には、学校行事への参加を問うものもあります。公開行事には、積極的に参加しておいた方がよいでしょう。

〈2021年度選考〉

◆ペーパー（記憶、数量、図形、言語、常識など）
◆行動観察（集団ゲーム）
◆保護者・志願者面接

◇過去の応募状況

2021年度	女子 188名
2020年度	女子 141名
2019年度	女子 99名

入試のチェックポイント

◇生まれ月の考慮…「なし」

〈本書掲載分以外の過去問題〉

◆行動観察：紙を4つ折りにして、できた線をハサミで切る。椅子取りゲーム。［2019年度］
◆推理（系列）：約束通りに並んでいる○△□×の、空いているマス目に入る記号を書く。［2018年度］
◆言語（言葉の音）：名前の前から2番目の音が同じものを線で結ぶ。［2018年度］
◆推理（シーソー）：5匹の動物でのシーソー。1番重い動物と1番軽い動物を選ぶ。［2018年度］

目指せ！合格！

家庭学習ガイド
昭和学院小学校

ペーパー　口頭試問　行動観察　制作　運動　親子面接

入試情報

応募者数：男子84名　女子81名
出題形態：ペーパー、ノンペーパー
面　　接：保護者・志願者面接
出題領域：ペーパー（常識、言語、お話の記憶、図形、推理、数量など）、口頭試問、行動観察、制作、運動

入試対策

2021年度の入試は感染症対策を施して行われました。
当校の入学試験はペーパーテスト（常識、言語、お話の記憶、図形、推理、数量など）、口頭試問、行動観察、制作、運動が実施されます。ペーパーテストはそれほど難度の高いものは出題されませんが、幅広い分野から出題されていることが特徴です。特定の分野に特化するのではなく、バランスよく基礎を固めることが、当校の対策と言えるでしょう。ただ、お話の記憶は、非常に長文のお話が出題されることが多いので、対策が必要となります。
口頭試問の課題が多いのも当校の特徴です。話をしっかり聞く姿勢や、理解する能力を磨いてください。これは、ペーパーを解答するための能力とはまた別の力です。人と接する機会を増やして、過度な緊張をしないように心がけましょう。また、自分の意思を他人にはっきり伝えることも大切です。それだけではなく思考力を求められる課題も多いので、ペーパー学習の際にも、なぜその答えになったのかといった、答えまでの過程を大事にしてください。

- ペーパーテストに関しては、毎日コツコツと繰り返すことで基礎的な力が付いていきます。お子さまといっしょに楽しむ気持ちで、幅広い問題に取り組んでください。

- 考査はペーパーテストのほかに、口頭試問、行動観察、制作、運動と広範囲に渡って実施されます。不得意分野を克服することも重要ですが、一生懸命に取り組む姿勢、周りの子と協力して作業を行う姿勢、思いやりのある態度などを持っていることも大切です。

「昭和学院小学校」について

〈合格のためのアドバイス〉

当校は知・徳・体の全人教育という建学精神の基、「学力の向上と心の教育」を両輪として、バランスのとれた、21 世紀の心豊かな人づくりを目指しています。

2021 年度の入学試験では、(常識、言語、お話の記憶、図形、推理、数量など)、口頭試問、行動観察、制作、運動、面接が実施されました。

ペーパーテストの常識分野では、例年、季節の問題が出題されています。常識の範囲はさまざまな分野にわたります。理科、季節以外にも、例えば、道具などの用途によって仲間分けする問題や、さまざまな乗りもの（緊急車両など）に関する知識も常識となります。ぜひ、日常生活の中のさまざまなことに目を向けるようにし、お子さまとの会話の中で知識を身に付けさせるようにしてください。１つひとつの経験が、お子さまの視野を広げ、それは考査の際にも大切な要素となります。

行動観察は、集団での授業形式の中で行われます。考えさせる課題になっているので、なぜそうなったのかという自分の考えをしっかり伝えることができるようにしておきましょう。

保護者・志願者面接では、志願者には、自分の名前、幼稚園（保育園）の名前、仲良しの友だちの名前などが聞かれました。保護者に対しては、志望理由、教育方針、子どもが興味を持っていることなどを聞かれました。日頃から、お子さまを交えて、家族で話し合う機会を大切にしてください。

〈2021 年度選考〉

- ◆ペーパー（常識、言語、お話の記憶、図形、推理、数量など）
- ◆口頭試問
- ◆行動観察
- ◆制作
- ◆運動
- ◆保護者・志願者面接

◇過去の応募状況

2021 年度　男子 84 名　女子 81 名
2020 年度　男子 138 名　女子 86 名
2019 年度　男子 105 名　女子 98 名

入試のチェックポイント

◇生まれ月の考慮…「あり」

〈本書掲載分以外の過去問題〉

- ◆数量（一対多の対応）：自動車、自転車にタイヤをつけると、タイヤはいくつ余るか。［2019 年度］
- ◆推理（シーソー）：釣り合っている２つのシーソーに載っているものを見て、１番重いものを選ぶ。［2019 年度］
- ◆図形（鏡図形）：水面に映っている絵の中で正しいものを選ぶ。［2019 年度］
- ◆図形（回転図形）：国旗を回転させて正しいものを選ぶ。［2019 年度］

国府台女子学院小学部
昭和学院小学校

過去問題集

〈はじめに〉

現在、少子化が叫ばれているにもかかわらず、私立・国立小学校の入学試験には一定の応募者があります。入試は、ただやみくもに学習するだけでは成果を得ることはできません。志望校の過去における出題傾向を研究・把握した上で、練習を進めていくこと、その上で試験までに志願者の不得意分野を克服していくことが必須条件です。そこで、本問題集は小学校を受験される方々に、志望校の出題傾向をより詳しく知って頂くために、過去に遡り出題頻度の高い問題を結集いたしました。最新のデータを含む精選された過去問題集で実力をお付けください。また、志望校の選択には弊社発行の「2022年度版　首都圏・東日本　国立・私立小学校　進学のてびき」をぜひ参考になさってください。

〈本書ご使用方法〉

◆出題者は出題前に一度問題を通読し、出題内容などを把握した上で、〈準　備〉の欄に表記してあるものを用意してから始めてください。
◆お子さまに絵の頁を渡し、出題者が問題文を読む形式で出題してください。問題を読んだ後で、絵の頁を渡す問題もありますのでご注意ください。
◆「分野」は、問題の分野を表しています。弊社の問題集の分野に対応していますので、復習の際の目安にお役立てください。
◆一部の描画や工作、常識等の問題については、解答が省略されているものがあります。お子さまの答えが成り立つか、出題者が各自でご判断ください。
◆〈時　間〉につきましては、目安とお考えください。
◆解答右端の［○年度］は、問題の出題年度です。［2021年度］は、「2020年度の秋から冬にかけて行われた2021年度入学志望者向けの考査で出題された問題」という意味です。
◆学習のポイントは、指導の際にご参考にしてください。
◆【おすすめ問題集】は各問題の基礎力養成や実力アップにご使用ください。

〈本書ご使用にあたっての注意点〉

◆文中に**この問題の絵は縦に使用してください。**と記載してある問題の絵は縦にしてお使いください。
◆〈準　備〉の欄で、クレヨンと表記してある場合は12色程度のものを、画用紙と表記してある場合は白い画用紙をご用意ください。
◆文中に**この問題の絵はありません。**と記載してある問題には絵の頁がありませんので、ご注意ください。なお、問題の絵の右上にある番号が連番でなくても、中央下の頁番号が連番の場合は落丁ではありません。
下記一覧表の●がついている問題は絵がありません。

問題1	問題2	問題3	問題4	問題5	問題6	問題7	問題8	問題9	問題10
									●
問題11	問題12	問題13	問題14	問題15	問題16	問題17	問題18	問題19	問題20
●									
問題21	問題22	問題23	問題24	問題25	問題26	問題27	問題28	問題29	問題30
●									
問題31	問題32	問題33	問題34	問題35	問題36	問題37	問題38	問題39	
●		●			●		●	●	

◎学習効果を上げるため、前掲の「家庭学習ガイド」及び「合格のためのアドバイス」をお読みになり、各校が実施する入試の出題傾向を、よく把握した上で問題に取り組んでください。
※冒頭の「本書ご使用方法」「本書ご使用にあたっての注意点」も併せてご覧ください。

〈国府台女子学院小学部〉

2021年度の最新問題

問題１　分野：記憶（お話の記憶）

〈準 備〉　鉛筆

〈問 題〉　これから読むお話をよく聞いて、後の質問に答えてください。

今日は小さな森の音楽会です。時間になると、森の仲間たちがたくさん集まってきました。クマさんが指揮者をします。タヌキさんは、バイオリンを弾きます。キツネさんは、ピアノを弾きます。ゾウさんは、トランペットを吹きます。そして、ウサギさんは曲に合わせて踊ります。みんな毎日一生懸命に練習してきました。最初の曲は、ピアノの曲です。キツネさんはゆっくり身体を揺らしながら弾きました。流れるような静かな曲に、みんなうっとりしていました。２曲目は、タヌキさんが弾くバイオリンの曲です。バイオリンのきれいな音に、みんなの心も明るくなりました。３曲目は、ゾウさんが吹くトランペットの曲です。とても元気のいい曲に、みんなの気持ちも元気になりました。ウサギさんは、それぞれの曲に合わせて、クルクル回ったり、高くジャンプしたりして踊りました。最後にリスさんから指揮者のクマさんにバラの花束が渡されました。大きな拍手が起こりました。演奏した動物たちも、音楽会を聴きにきた動物たちも、みんなうれしい気持ちになりました。

（問題１の絵を渡す）
①ピアノを弾いたのは誰ですか。１番上の段の絵から選んで○をつけてください。
②２曲目はどの楽器で演奏されましたか。上から２段目の絵の絵から選んで○をつけてください。
③指揮者のクマさんに花束を渡したのは誰ですか。上から３段目の絵の絵から選んで○をつけてください。
④お話に出てきた動物は何人でしたか。１番下の四角の中に、その数だけ○を書いてください。

〈時 間〉　①～③各10秒　④20秒

問題2　分野：複合（見る記憶・置き換え）

〈準備〉　鉛筆

〈問題〉　（問題２－１の絵を見せる）
この絵をよく見て覚えてください。

（20秒後、問題２－１の絵を隠し、問題２－２の絵を渡す）
①トンボのいたところに○を書いてください。
②カブトムシのいたところはどことどこですか。その場所に×を書いてください。

〈時間〉　各10秒

問題3　分野：複合（見る記憶・間違い探し）

〈準備〉　鉛筆

〈問題〉　（問題３－１の絵を見せる）
この絵をよく見て覚えてください。
（20秒後、問題３－１の絵を隠し、問題３－２の絵を渡す）

今見た絵と違うところが３つあります。○をつけてください。

〈時間〉　20秒

問題4　分野：数量（選んで数える）

〈準備〉　鉛筆

〈問題〉　①左の四角で数の１番多い動物は何ですか。右の四角から選んで○をつけてください。
②左の四角で数の１番少ない動物は何ですか。右の四角から選んで△をつけてください。

〈時間〉　２分

問題5　分野：推理（ブラックボックス）

〈準備〉　鉛筆

〈問題〉　１番上の四角を見てください。白いトンネルを通ると、通ったものの数が１つ増えます。黒いトンネルを通ると３つ減ります。それぞれの段で、トンネルを通ったものの数はいくつになりますか。右の四角の中にその数だけ○を書いてください。

〈時間〉　１分30秒

問題6　分野：数量（数の構成）

〈準備〉　鉛筆

〈問題〉　縦、横、斜め、どの方向から数えても３つのマスにあるイチゴが同じ数になるようにします。空いているマスにはいくつのイチゴがあればよいでしょう。それぞれの四角にその数だけ○を書いてください。

〈時間〉　１分30秒

問題7　分野：言語（言葉の音）

〈準備〉　鉛筆

〈問題〉　絵の中に同じ音が２つ入っている言葉があります。全部に○をつけてください。

〈時間〉　１分30秒

問題8　分野：常識（いろいろな仲間）

〈準備〉　鉛筆

〈問題〉　それぞれの段の中で１つだけ同じようなものからできていないものがあります。選んで○をつけてください。

〈時間〉　１分

問題9　分野：図形（四方からの観察）

〈準備〉　鉛筆

〈問題〉　それぞれの段の左の四角のものを矢印の方向から見るとどのように見えますか。正しいものを右の四角から選んで○をつけてつけてください。

〈時間〉　１分

問題10　分野：行動観察（集団ゲーム）

〈準備〉　①なし　②ドッジボール

〈問題〉　**この問題の絵はありません。**
①だるまさんがころんだ
②ボール運びゲーム
・２人１組でボール運び競争
・ビニール風呂敷にボールを載せて運ぶ
・落としたらスタート地点に戻る

〈時間〉　適宜

問題11　分野：面接（親子面接）

〈準備〉　なし

〈問題〉　**この問題の絵はありません。**

【保護者へ】
・宣言中の教育はどのように行われていましたか
・何か特別なご苦労はありましたか
・志望動機を教えてください。
・ご家庭の教育方針を教えてください。
・お子さまの長所を教えてください。
・今までの子育てを通して、最も印象に残っているエピソードを教えてください。
・どのような女性に成長してほしいですか。
・いつもどんな本を読み聞かせされていますか。
・子育てを通して、どんなことで悩まれますか。
・保護者の方がお互いによいと感じる、お子さまへの関わりはどんなことですか。

【志願者へ】
・お名前を教えてください。
・通っている幼稚園（保育園）の名前を教えてください。
・仲の良いお友だちのお名前を教えてください。
・お休みの日は何をしますか。
・お家でどんなお手伝いをしますか。
・大きくなったら何になりたいですか。
・何をして遊ぶのが好きですか。
・今までで１番楽しかったことは何ですか。

〈時間〉　15分程度

家庭学習のコツ①　「先輩ママのアドバイス」を読みましょう！

本書冒頭の「先輩ママのアドバイス」には、実際に試験を経験された方の貴重なお話が掲載されています。対策学習への取り組み方だけでなく、試験場の雰囲気や会場での過ごし方、お子さまの健康管理、家庭学習の方法など、さまざまなことがらについてのアドバイスもあります。先輩ママの体験談、アドバイスに学び、ステップアップを図りましょう！

☆国府台女子学院小学部

問題 1

①

②

③

④

問題2－1

日本学習図書株式会社

☆国府台女子学院小学部

問題2－2

問題３－１

2022年度版 国府台・昭和学院 過去 無断複製／転載を禁ずる 日本学習図書株式会社

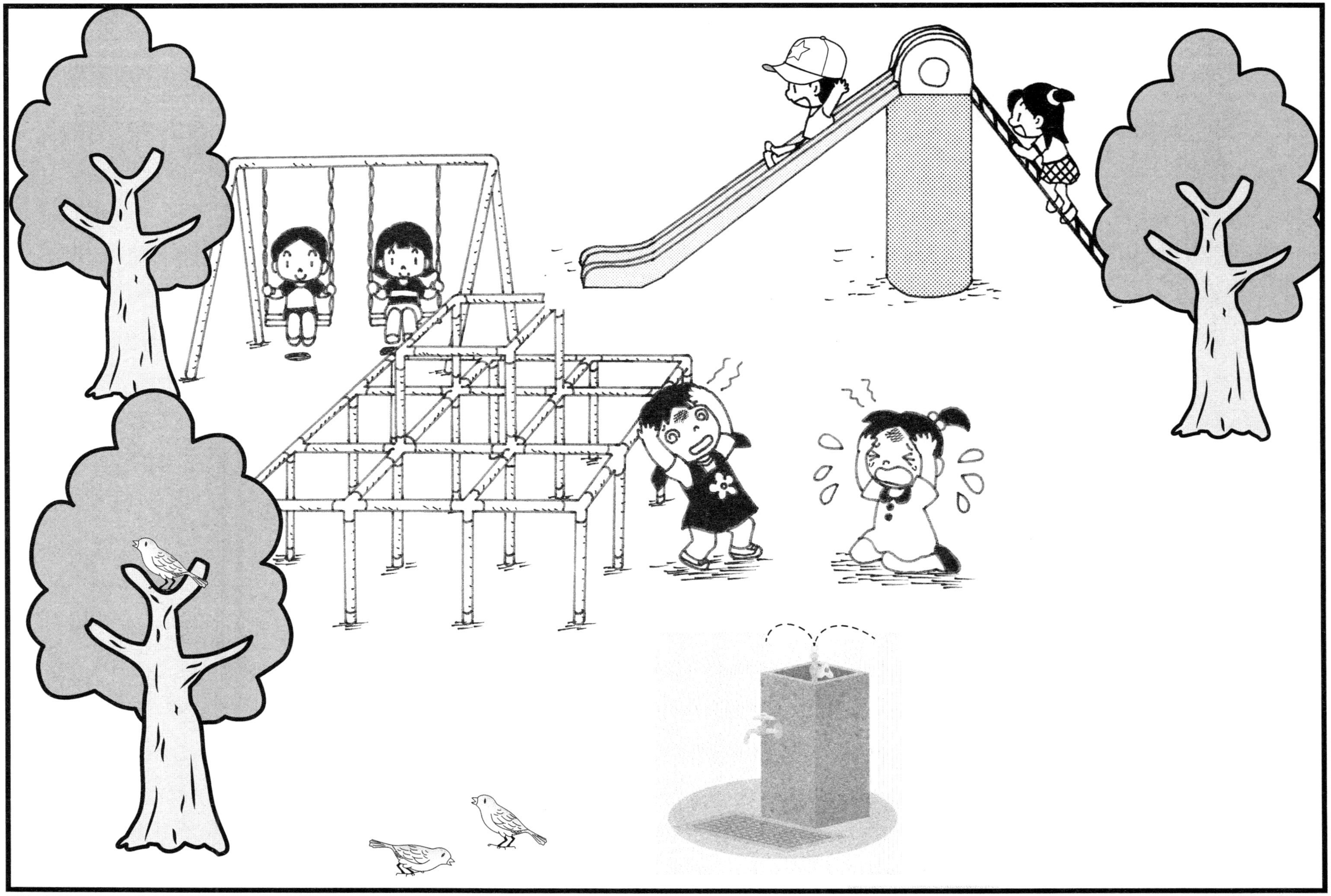

問題 4

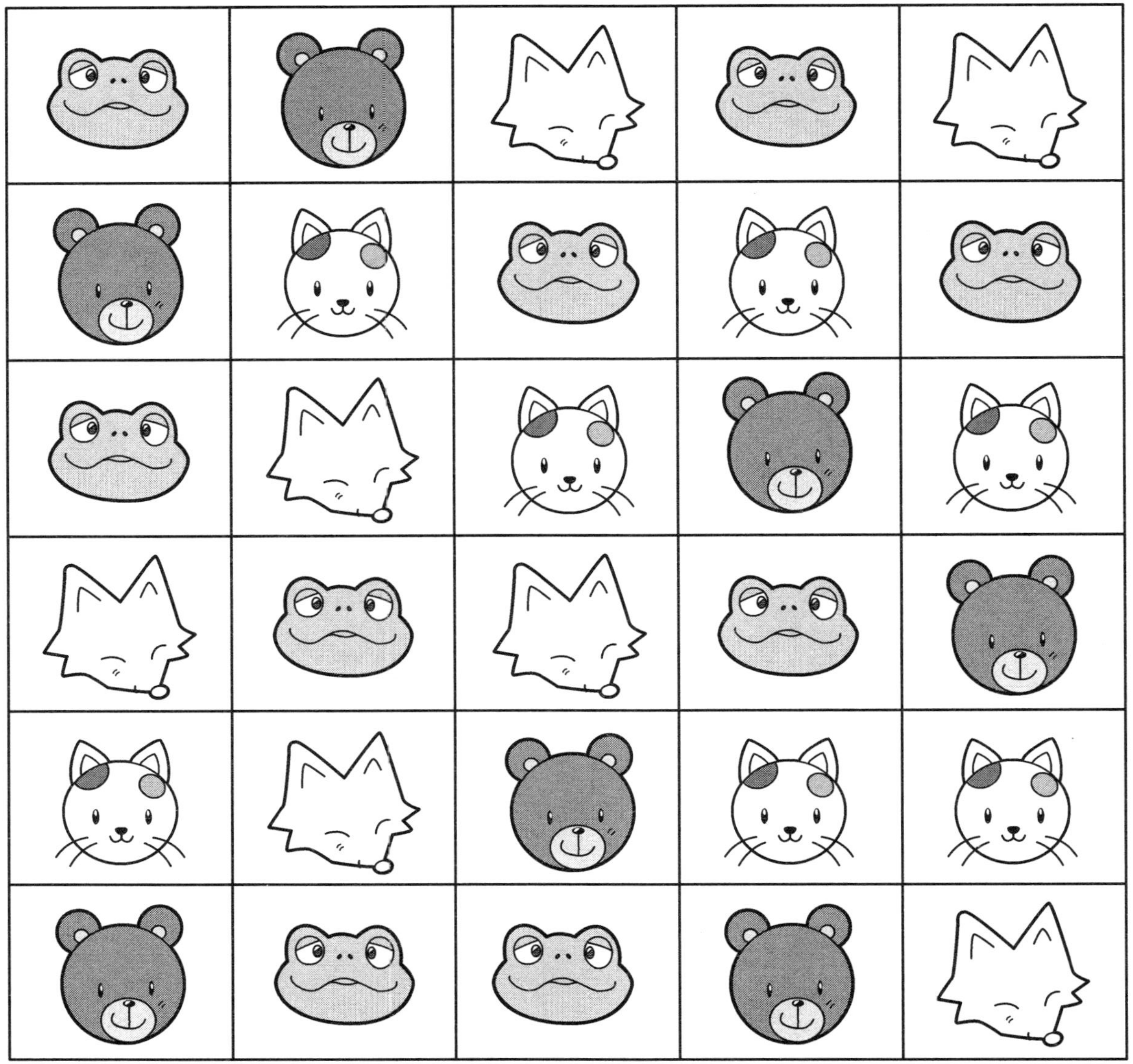

日本学習図書株式会社

☆国府台女子学院小学部

問題5

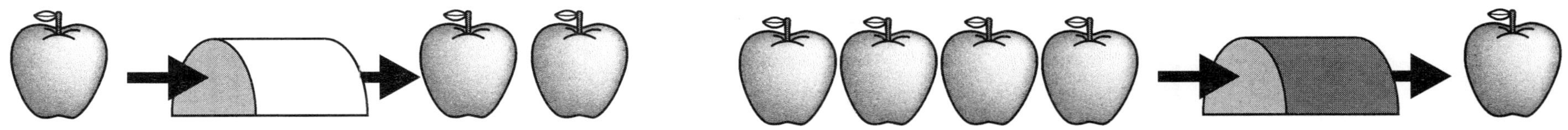

①

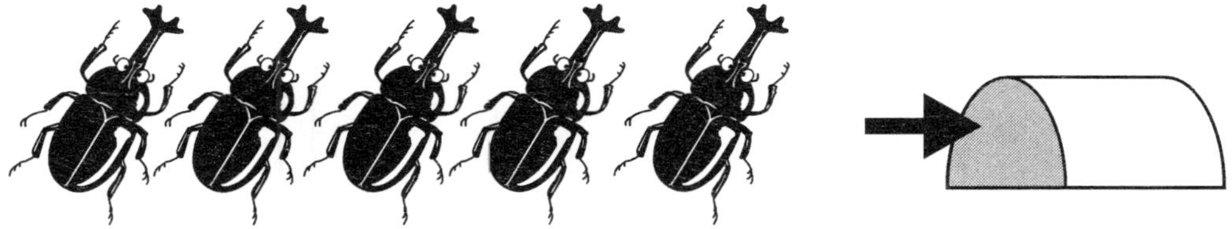

②

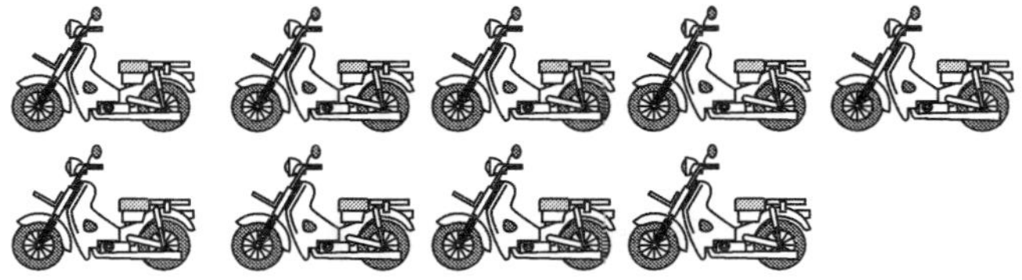

③

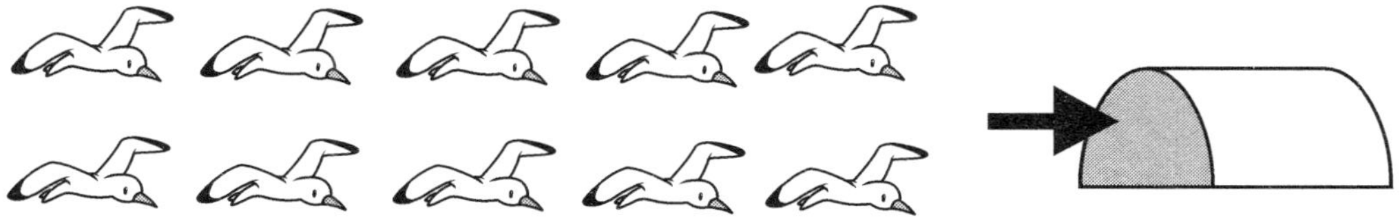

④

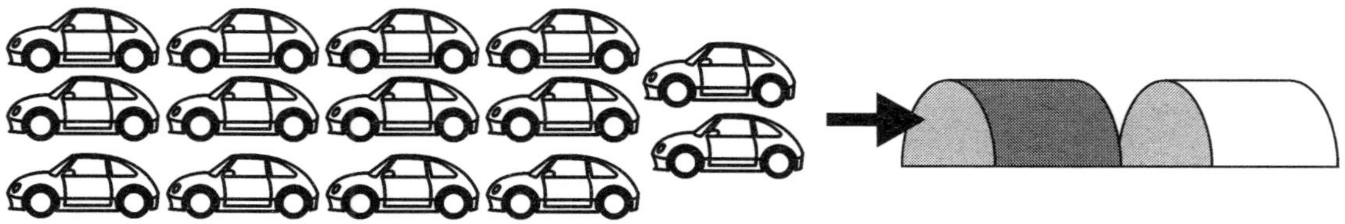

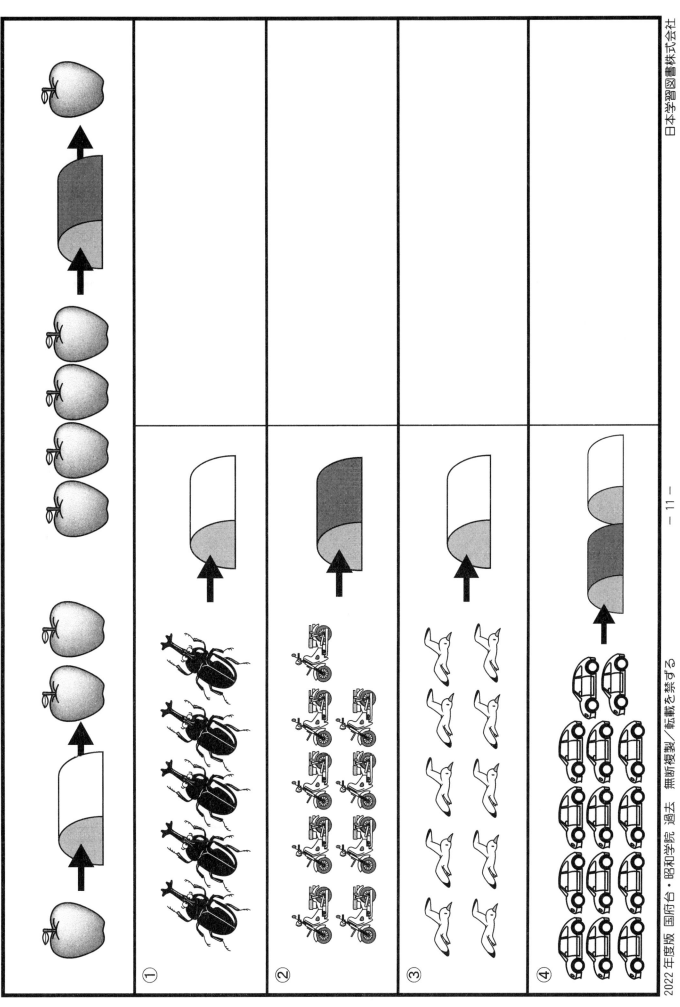

問題 6

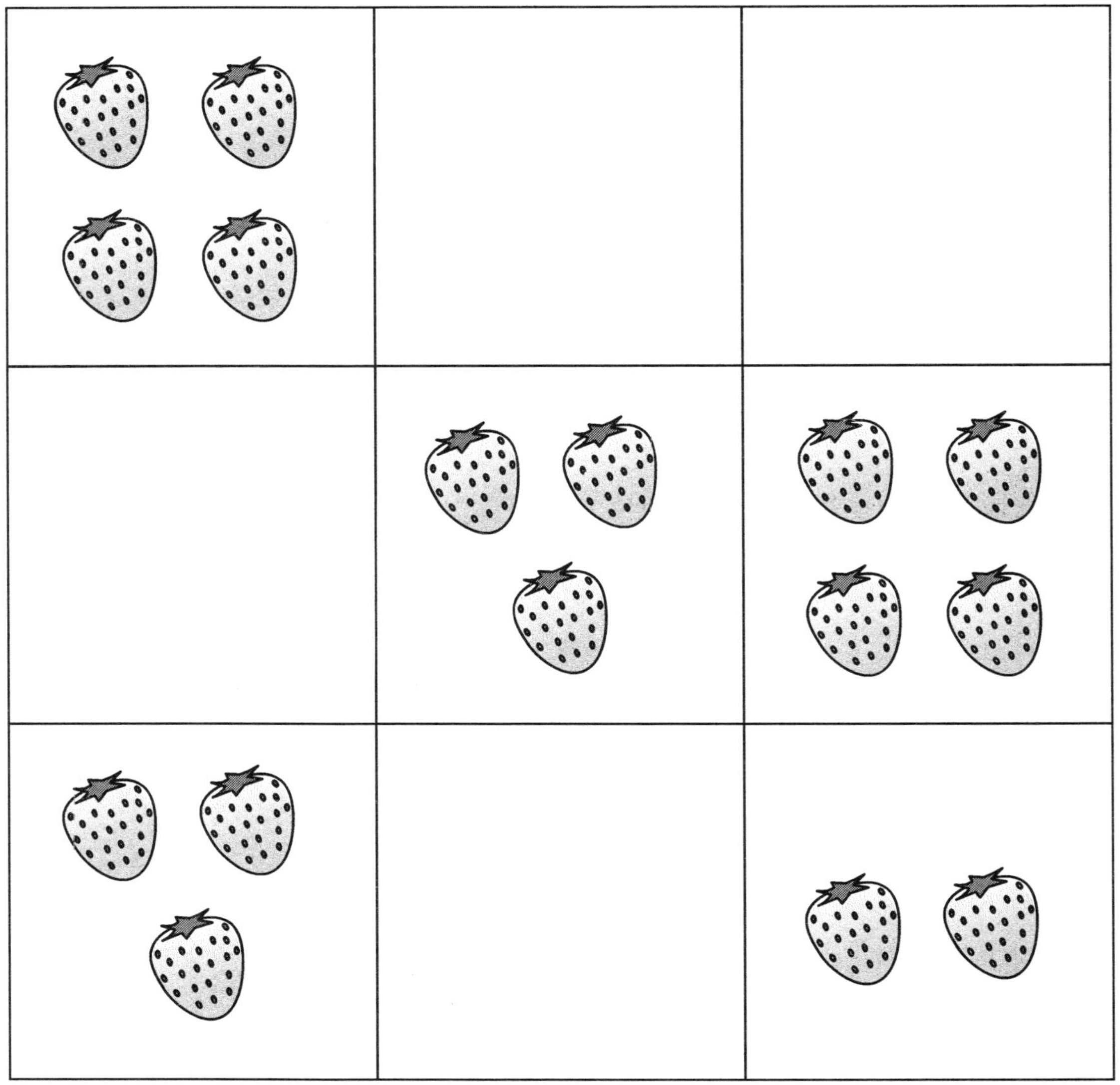

日本学習図書株式会社

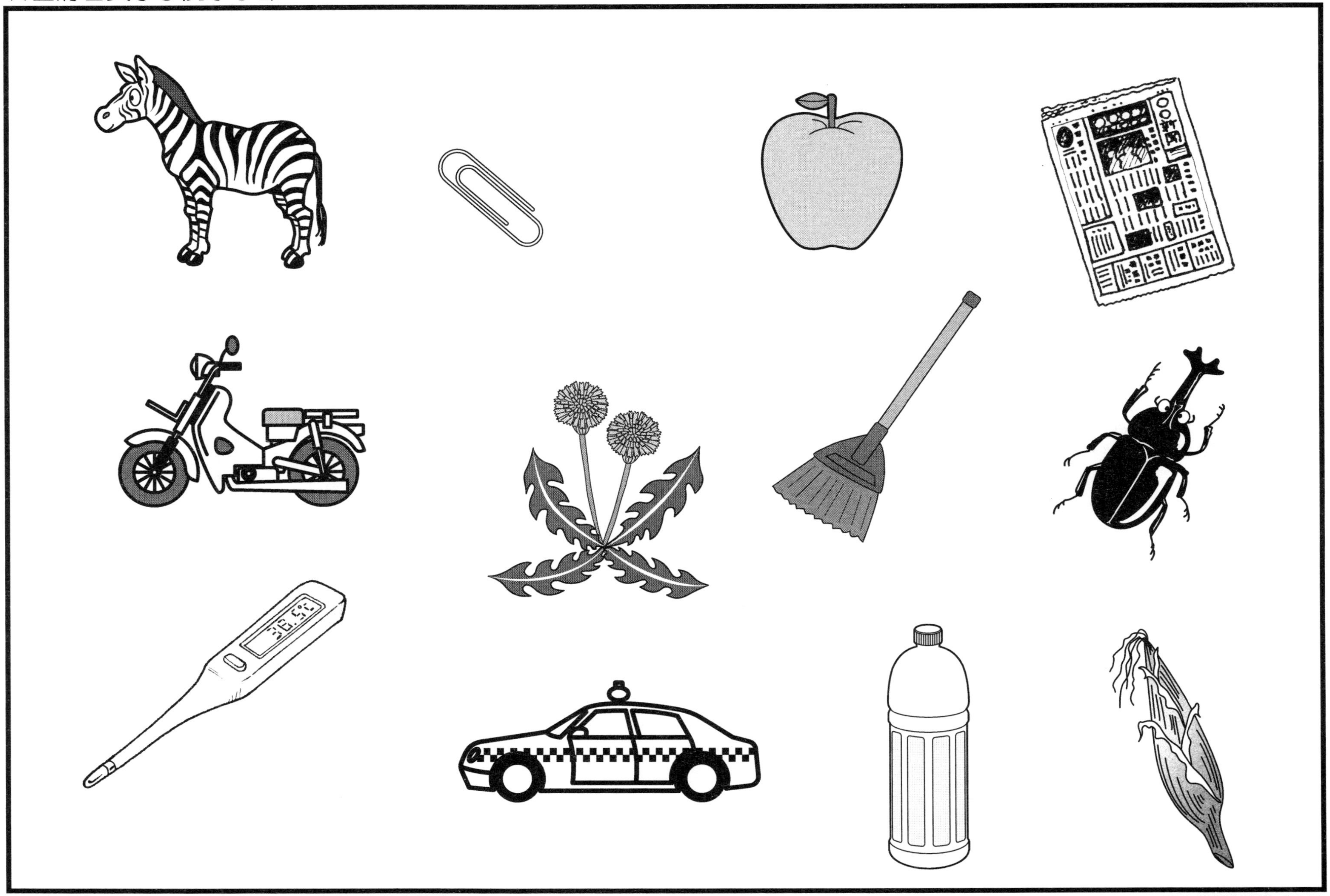

☆国府台女子学院小学部

問題 8

①

②

③

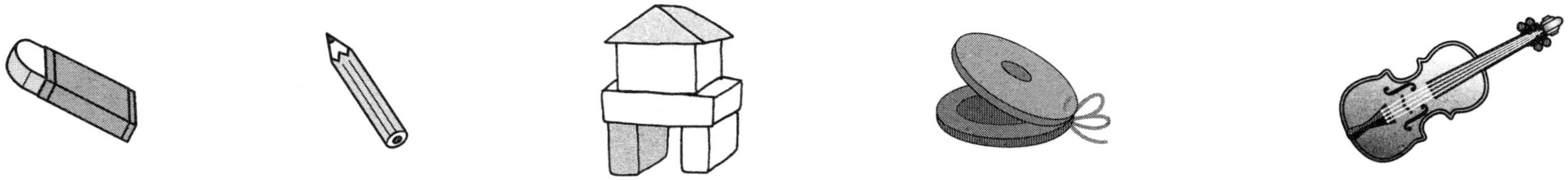

④

⑤

☆国府台女子学院小学部

問題9

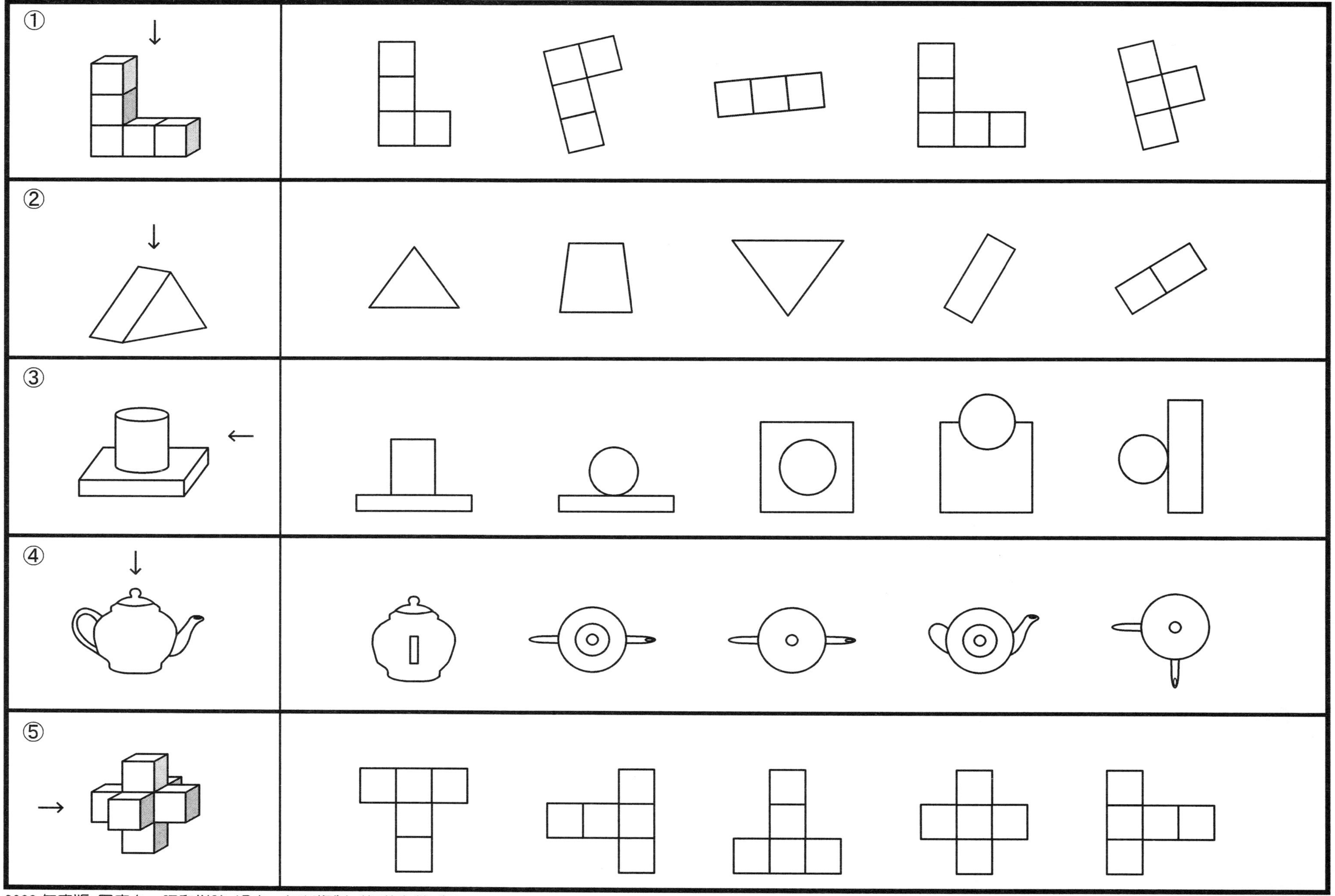

日本学習図書株式会社

2021年度入試
解答例・学習アドバイス

解答例では、制作・巧緻性・行動観察・運動といった分野の問題の答えは省略されています。こうした問題では、各問のアドバイスを参照し、保護者の方がお子さまの答えを判断してください。

問題1　分野：お話の記憶

〈解 答〉　①真ん中（キツネ）　②左から２番目（バイオリン）
③右端（リス）　④○：６

お話は短めですが、その内容を見ると、覚えることが多く、混乱してしまうかもしれません。記憶の問題は情報を整理しながら覚えることが必要です。本問のように、覚えることが多く混乱しそうな場合は、１つひとつを覚えていくのではなく、「誰が」「何を」「どうした」といったポイントを覚えておくのです。また、お話の記憶は、似たような経験をしていれば覚えやすくなるものです。昨今の状況では難しいかもしれませんが、お子さまに体験する機会をできるだけ設けてあげましょう。コンサートに行っていれば、お話を聞いてその時の記憶が甦るということです。

【おすすめ問題集】
１話５分の読み聞かせお話集①・②、お話の記憶問題集 初級編・中級編、
Ｊｒ・ウォッチャー19「お話の記憶」

家庭学習のコツ②　「家庭学習ガイド」はママの味方！

問題演習を始める前に、試験の概要をまとめた「家庭学習ガイド（本書カラーページに掲載）」を読みましょう。「家庭学習ガイド」には、応募者数や試験課目の詳細のほか、学習を進める上で重要な情報が掲載されています。それらの情報で入試の傾向をつかみ、学習の方針を立ててから、対策学習を始めてください。

問題2　分野：複合（見る記憶・置き換え）

〈解 答〉　省略

位置の記憶と置き換えの複合問題です。取り立てて注意することはありませんが、慣れていないとミスの原因になるので、練習は必要です。間違えたら、何が原因だったのかをはっきりさせておきましょう。記憶できなかったのか、何を聞かれているのかわからなかったのか、といった原因によって対策方法は変わってきます。確かに単に練習を重ねればこういった問題は解けるようになるのですが、お子さまのモチベーションを維持するためには何らかの「理屈」も必要です。

【おすすめ問題集】

Ｊｒ・ウォッチャー20「見る記憶・聴く記憶」、57「置き換え」

問題3　分野：複合（見る記憶・間違い探し）

〈解 答〉　下図参照

見る記憶と間違い探しの複合問題ということになります。２枚目の絵を見て答えがわからなければ、いくら考えても答えはわからないので、粘っても仕方はありません。あきらめて、間違った原因を探ってみましょう。前問でも言いましたが、こうした問題はアプローチの仕方が大切です。「ブロックごとに区切る」「物・人に注目する」「全体から細部へと視点を移す」など要領よく覚える方法はさまざまなので、お子さまに合った方法を保護者の方が選んでみてください。何にせよ２枚目の絵を見た時には違和感が感じられるぐらいに観察力を持っておくこと、言いかえれば何となく答えが分かる程度にこうした問題に慣れておくとよいでしょう。

【おすすめ問題集】

Ｊｒ・ウォッチャー20「見る記憶・聴く記憶」

問題4　分野：数量（選んで数える）

〈解 答〉　①○：カエル　②△：ネコ

絵になっているものの数を比べ、条件にあったものを答える数量の問題です。具体的に言えば、ここでは動物の数を数える→比較する→○をつけるという順番で考えるということになると思いますが、いちいち数えていては解答時間内に終わるかどうか微妙なところです。時間内にスムーズに答えるには、ひと目見て「～が１番多く、～１番少ない」という勘が働くにようにしておいた方がよいでしょう。「数に対する感覚」といったりしますが２つのものの多少や大体の数がわかるといった感覚があれば有利なのです。日々の生活の中で数に関する経験を積めばいつの間にかついている感覚ですから、保護者の方はお子さまにそういった経験を積ませるように努めれば充分です。

【おすすめ問題集】

Ｊｒ・ウォッチャー37「選んで数える」

問題5　分野：推理（ブラックボックス）

〈解 答〉　①○：6　②○：6　③○：11　④○：12

基本的なブラックボックスの問題です。このように箱を通ると数が増えたり減ったりするという問題がほとんどなので、同じような問題をいくつか解けば自然と理解できるでしょう。増減の数も１・２という場合が多く、戸惑うほどのものではありません。注意したいのは混乱して途中でいくつなのかがわからなくなることです。このトンネルを通った時にはいくつ、ここまではいくつと段階をおって数えていけば間違えることはないので、慣れないうちは解答時間内に終わらなくても構わないので慎重に進めてください。また、これは小学校受験の約束事の１つですが、「白いトンネルは通ると数が倍になる」のではなく、「１つ増える」と考えます。

【おすすめ問題集】

Ｊｒ・ウォッチャー32「ブラックボックス」

家庭学習のコツ③　効果的な学習方法～問題集を通読する

過去問題集を始めるにあたり、いきなり問題に取り組んではいませんか？　それでは本書を有効活用しているとは言えません。まず、保護者の方が、すべてを一通り読み、当校の傾向、ポイント、問題のアドバイスを頭に入れてください。そうすることにより、保護者の方の指導力がアップします。また、日常生活のさまざまなことから、保護者の方自身が「作問」することができるようになっていきます。

問題6　分野：数量（数の構成）

〈解 答〉 下図参照

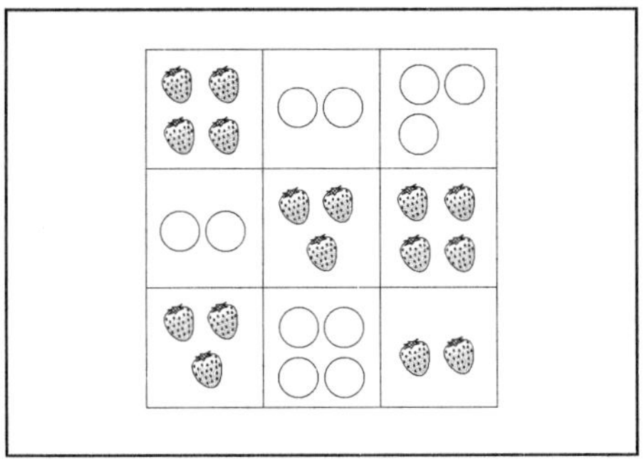

数の構成の問題ですが、経験がないとなかなかすぐには答えられない問題かもしれません。この通りの問題ではないにしろ「たして～になるように空欄に記号を書きなさい」といった問題を解いておかないとなかなかどう考えてよいかわからないという意味です。この問題では「空欄が１つの列から当てはまる数を考える」と考えないと、いつまで経っても答えは出ません。図形で言えばパズルや積み木といった問題と同じで、解いてしまえば何の難しい点もありません。こうした問題を時間内に解くには練習や経験が必要になってきます。

【おすすめ問題集】
　Ｊｒ・ウォッチャー41「数の構成」

問題7　分野：言語（言葉の音）

〈解 答〉 ○：シマウマ、タンポポ、新聞紙（しんぶんし）、体温計（たいおんけい）、ペットボトル

同じ音が２回ということなので、問題文で何を聞かれているかがわかり、それぞれの絵が何かとわかれば、特に難しい問題ではありません。絵を見てそれが何かわかる、というのは知識の１つなので推測や推理することはできないものです。これは同じような問題を解いたり、生活の中で「これは～というもの」という知識を積み重ねていくしかありません。問題の意味がわからなかった場合は「同じ音が２回」という部分がわからないということなので、言葉というものは音の組み合わせであることを教えてください。難しいことを言うのではなく、言葉を１音ずつ区切り、例えば「シ・マ・ウ・マ」と言わせればよいのです。

【おすすめ問題集】
　Ｊｒ・ウォッチャー17「言葉の音遊び」、60「言葉の音」

問題8　分野：常識（いろいろな仲間）

〈解 答〉　①真ん中（靴下）　②右から２番目（自転車）　③左端（消しゴム）
④左から２番目（やかん）　⑤右から２番目（湯呑）

知識分野の問題の答えは、考えてわかるものではありません。だからと言って、あきらめる必要はありません。すべてがわからないのでなく、中にはわかるものがあるはずですから、消去法を使えば正解できる可能性もあるのです。常識分野では、たまにですが、このように「何から作られているか」と原材料を聞く問題が出題されます。もちろん、何から作られているかを知っていれば、それが１番よいのですが、わからなければ色や形、何にどのようにつかうなどそれに関する知識から考えてみてください。例えばやかんはお湯を沸かすものですから、木や布で作られていない、といった感じです。

【おすすめ問題集】
Ｊｒ・ウォッチャー11「いろいろな仲間」

問題9　分野：図形（四方からの観察）

〈解 答〉　①真ん中　②右端　③左端　④左から２番目　⑤右から２番目

小学校入試における立体を扱う問題のほとんどは思考力を問うものではありません。平面の図形であれば少しは考える要素があるのですが、立体については、「年齢なりに立体を把握しているか」ということが問題のポイントになっていることがほとんどです。年齢なりの把握というと大げさに聞こえますが、結局はその立体を見た経験があるかないかということ、似たような問題を解いた経験があるかどうかということと同じ意味になります。ここでは立体を視点を変えて見るとどのように見えるか、という問題なのですが、その経験がないと答えるのはほぼ無理です。ですから対策としては同じような問題を解く、積み木に親しむといったことで対策をしましょう。

【おすすめ問題集】
Ｊｒ・ウォッチャー53「四方からの観察　積み木編」

家庭学習のコツ④　効果的な学習方法～お子さまの今の実力を知る

１年分の問題を解き終えた後、「家庭学習ガイド」に掲載されているレーダーチャートを参考に、目標への到達度をはかってみましょう。また、あわせてお子さまの得意・不得意の見きわめも行ってください。苦手な分野の対策にあたっては、お子さまに無理をさせず、理解度に合わせて学習するとよいでしょう。

問題10　分野：行動観察（集団ゲーム）

グループの人数が減った以外は昨年とほぼ同じ課題です。どちらも競争ですが勝ち負けは基本的に関係ありません。行動観察という名前の通り、どんな行動をするのかを観察することが目的です。移動時や体育館に入るところから、すでに評価の対象ですから油断しないように。小学校に入学すれば、集団での行動が中心になりますから、それを指導する側から見ればどのような態度、姿勢が好ましいかを保護者の方が考えてお子さまにどのように行動するかを指導しておく。それができないようなら、ふだんの生活の中でお子さまに協調性とコミュニケーション能力を身に付けさせるにするといったことが対策になるでしょう。

【おすすめ問題集】
　Ｊｒ・ウォッチャー29「行動観察」

問題11　分野：面接（親子面接）

面接の内容はほぼ例年通りでしたが、コロナ関連の質問が加えられていました。志願者に対しては面接と言うよりは年齢なりの常識を聞くためのものですから、ある程度は対策をしておきましょう。保護者面接では、家庭の教育方針、お子さまの得意科目、食べ物の好き嫌いなどが父親・母親、それぞれにふりわけて質問があります。どちらにどのような質問があるかはケースバイケースですが、通っていた幼児教室について質問などもありますから、事前にまとめておいてください。全体としては家庭の教育方針と当校の相性を測る面接と言えるでしょう。雰囲気は穏やかなのでリラックスして臨んでよい面接です。

【おすすめ図書】
　新・小学校面接Ｑ＆Ａ、入試面接最強マニュアル

2020年度以前の問題

問題12　分野：記憶（お話の記憶）

〈準　備〉　鉛筆

〈問　題〉　これから読むお話をよく聞いて、後の質問に答えてください。

えりさんの家族は、お父さん、お母さん、お兄さんの４人です。今日は、みんなで水族館に行く日です。海の近くにある水族館までは遠いので、お父さんの運転する車で行くことにしました。
水族館に着くと、たくさんの人が並んでいました。えりさんは、ワクワクしながら水族館に入っていくと、中にはたくさんの水槽がありました。
はじめに見た水槽の中にはクラゲがいました。上に行ったり下に行ったり、気持ちよさそうにフワフワ泳いでいました。２番目の水槽の中をよく見ていたら、壺の中からニョロっと足が出てきてタコが姿を見せました。３番目の水槽には、きれいな魚が泳いでいました。次に見た少し大きな水槽では、ペンギンが水から出たり入ったりして楽しそうに泳いでいました。最後に見たのは、プールくらいある大きな水槽でした。２頭のイルカが上手にボール遊びをしたり、ジャンプしたりしていました。会場では何度も拍手が起こりました。
帰りにえりさんはイルカのぬいぐるみを買ってもらいました。

（問題12の絵を渡す）
①水族館には何で行きましたか。１番上の段の絵から選んで○をつけてください。
②えりさんが最初に見た水槽の中には何がいましたか。上から２段目の絵の絵から選んで○をつけてください。
③４番目に見た少し大きな水槽の中には何がいましたか。上から３段目の絵の絵から選んで○をつけてください。
④えりさんの家族は何人ですか。１番下の四角の中に、その数だけ○を書いてください。

〈時　間〉　①②③各10秒　④20秒

〈解　答〉　①左から２番目（車）　②真ん中（クラゲ）
③左端（ペンギン）　④○：４

[2020年度出題]

学習のポイント

お話の記憶としては、ごく基本的な問題です。ただ、例年、「何に乗って行った」「何番目に○○した」「何個（何人）」という問題が出されていることで、お話を聞く時にそうしたところにばかり集中してしまいがちです。保護者の方が傾向をつかむことは大切なのですが、お子さまには意識させすぎないようにしてください。問題ありきで考えていると、出題の仕方や傾向が変化した時に対応できなくなってしまいます。基礎ができていないと、対応力は身に付きません。受験テクニックではなく、まずはお話を素直に「聞く」ことが、第一歩です。読み聞かせを続けることで、「聞く力」と「イメージする力（想像力）」が養われます。そうした基本的な力を付けてから出題を意識することで、より学習の効果が高まります。

【おすすめ問題集】
１話５分の読み聞かせお話集①・②、お話の記憶問題集 初級編・中級編、
Ｊｒ・ウォッチャー19「お話の記憶」

問題13　分野：記憶（見る記憶）

〈準備〉　鉛筆

〈問題〉　（問題13-１の絵を見せる）
この絵をよく見て覚えてください。

（20秒後、問題13-１の絵を隠し、問題13-２の絵を渡す）
①長靴のあったところに○を書いてください。
②ハサミのあったところはどことどこですか。その場所に×を書いてください。

〈時間〉　各10秒

〈解答〉　下図参照

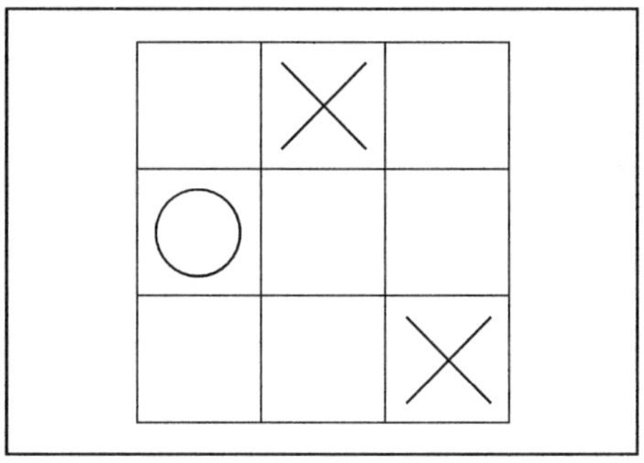

［2020年度出題］

学習のポイント

位置を記憶することばかりに集中してしまうと、問題（指示）を聞いていなかったということにもなりかねないので、どんな場合でも「聞く」ということを最優先に考えましょう。実際の試験では、①が終わってから②という形で、１問１問出題されるので、指示をまとめて覚える必要はありません。頭の中に位置をイメージしつつ、問題をしっかり聞いてください。細かなことですが、当校の出題は非常に親切で、②では「どことどこですか」というように、答えが２つあるということを教えてくれます。問題をちゃんと聞いていないと、１つだけ答えて終わりということもありえるでしょう。話を聞いているお子さまには、よいことがあるのです。

【おすすめ問題集】
Ｊｒ・ウォッチャー20「見る記憶・聴く記憶」、57「置き換え」

問題14　分野：記憶（見る記憶）

〈準 備〉　鉛筆

〈問 題〉　（問題14－1の絵を見せる）
この絵をよく見て覚えてください。
（20秒後、問題14－1の絵を隠し、問題14－2の絵を渡す）

①絵の中のネコと同じものに○をつけてください。
②絵の中の人形と同じものに○をつけてください。
③絵の中のコップと同じものに○をつけてください。

〈時 間〉　各10秒

〈解 答〉　①左から2番目　②右から2番目　③左端

［2020年度出題］

学習のポイント

見る記憶の問題は、「こうしたらできるようになる」という理屈がないので、なかなか難しい課題ではあります。お子さまによっても、「じっと見る」「ぼんやり見る」など、それぞれ取り組み方が違います。つまり、解き方にセオリーがないのが、絵の記憶なのです。単純に、見て覚えるという作業なので、必要なのは「観察力」と「集中力」です。間違い探しなどの遊びを通じて、少しずつ経験を重ねて、力を付けていくことがオーソドックスな方法と言えるかもしれません。学習と考えるのではなく、楽しみながら続けられるように工夫していきましょう。

【おすすめ問題集】
Ｊｒ・ウォッチャー20「見る記憶・聴く記憶」

問題15　分野：数量（異数発見）

〈準 備〉　鉛筆

〈問 題〉　左の絵と数が違うものはどれですか。右から1つ選んで○をつけてください。

〈時 間〉　1分30秒

〈解 答〉　①右端　②左から2番目　③右から2番目

［2020年度出題］

学習のポイント

同じ数を見つける、「同数発見」という問題の逆パターンです。何を問われているのかを理解してしまえば、後は単純な数量の問題になります。解答時間も長いので、１つひとつ数えても充分に時間はあります。ですが、ぱっと見ていくつあるかが把握できるようになっていれば、時間にも余裕ができ、しっかりと見直すこともできます。試験までには、数の把握ができるようにしておきましょう。一般的に小学校受験では、10程度の数の把握が求められますが、当校では15～20程度の数の問題が出ます。数が多くなればなるほど、「実際に数える」と「ぱっと見てわかる」の差は大きくなります。学習を積み重ねることで身に付けることができる力なので、しっかりと練習しておきましょう。

【おすすめ問題集】

Ｊｒ・ウォッチャー14「数える」、36「同数発見」

問題16　分野：数量（数を分ける）

〈準 備〉　鉛筆

〈問 題〉　左の子どもや動物に、右のものを分けます。同じ数ずつ分けられるものはどれすか。右から１つ選んで○をつけてください。

〈時 間〉　１分30秒

〈解 答〉　①右から２番目　②左から２番目　③右端

［2020年度出題］

学習のポイント

問題を１度聞いただけでは、「？」と思ってしまった人も多いのではないでしょうか。ただ、①を実際にやってみると、何を聞かれているのかがわかると思います。例題はありませんが、①を簡単な問題にして理解させ、徐々に難しくなっていく形になっています。「同じ数ずつ分ける」というように具体的な数が提示されていないことが、難しく感じる要因になっているのです。②で、もし３個ずつ分けるとなっていれば、９個の数を探せばよいことになります。ですが、「同じ数ずつ」という条件しかないので、それを手がかりに１つひとつ探していくしかありません。同じ数ずつ分けるということは、ぴったり分けられるということなので、左の数ずつまとめていって、余りの出ないものが正解になります。

【おすすめ問題集】

Ｊｒ・ウォッチャー「数える」、40「数を分ける」、42「一対多の対応」

問題17　分野：数量（大きさの比較）

〈準 備〉　鉛筆

〈問 題〉　２つの形があります。色が塗られているところが広い形はどちらですか。選んで四角の中に○を書いてください。

〈時 間〉　１分30秒

〈解 答〉　①右　②左　③左　④左

［2020年度出題］

学習のポイント

ぱっと見た感じでは図形の問題に見えますが、数量の問題です。慌てないように注意しましょう。形が異なっているものの比較が多いので、感覚的に答えることが難しい問題です。ですが、マス目の数をかぞえることで、単純な数量の問題として考えることができます。ただし、④だけは正確に数えることができません。この問題に関しては、大体の感じで答えたお子さまも多いのではないでしょうか。答え合わせの時に、なぜその答えになったのかを聞いてみてください。考え方の１つとして、同じ形（大きさ）を除いて考える方法があります。左側の形の左半分（２×４マス）と右側の形の下半分（４×２マス）を除いて考えると、よりどちらが大きいかがわかりやすくなります。

【おすすめ問題集】
　Ｊｒ・ウォッチャー14「数える」、15「比較」、58「比較②」

問題18　分野：言語（言葉の音）　語彙　知識

〈準 備〉　鉛筆

〈問 題〉　**この問題の絵は縦に使用してください。**
左の絵のはじめの音を使って言葉を作ります。右の絵と合うものを探して線で結んでください。

〈時 間〉　１分30秒

〈解 答〉　下図参照

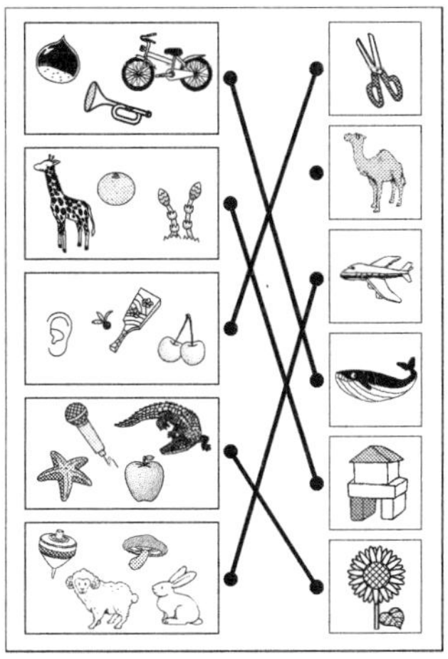

［2020年度出題］

学習のポイント

言葉のはじめの音なので、最後の音や真ん中の音に比べれば、音を拾うことはそれほど難しくはありません。その音を入れ替えて言葉にするというところが、本問のポイントになるでしょう。そうした作業は、語彙力に大きく影響されます。そもそも知らない言葉であればもちろんできませんし、知識として知っているだけの言葉では、すぐに浮かんできません。しっかりと身に付いた、使える言葉としての語彙力を高めていきましょう。選択肢から正解を選ぶのではなく、言葉にしてから選択肢を見るようにすれば、その時点で見直しができているのと同じ効果があります。また、惑わすような選択肢にも引っかからなくなるので一石二鳥です。

【おすすめ問題集】
　Ｊｒ・ウォッチャー17「言葉の音遊び」、60「言葉の音」

問題19　分野：常識（いろいろな仲間）

〈準　備〉　鉛筆

〈問　題〉　それぞれの段の中で１つだけ仲間ではないものがあります。選んで○をつけてください。

〈時　間〉　１分

〈解　答〉　①右から２番目（チョウチョ）　②左から２番目（冬）　③右端（スコップ）
④左端（サンダル）　⑤真ん中（ハサミ）

［2020年度出題］

学習のポイント

理科、季節、日常生活、昔話などの常識分野から幅広く出題されています。年齢なりの生活経験を積んでいれば、できる問題ばかりなので、確実に正解しておきたいところです。常識分野は机上で行うものではなく、日常生活の中で身に付けていくものです。学校側も知識としての常識を求めているわけではなく、生活体験に基づいた常識を望んでいます。ふだんの暮らしにも学習のチャンスはたくさんあります。保護者の方のちょっとした声かけが学びの種になるので、お子さまの好奇心や興味を広げてあげるように心がけてください。保護者の方がわからないことは、お子さまもわかりません。お子さまといっしょに多くのことを学んでいきましょう。

【おすすめ問題集】
　Ｊｒ・ウォッチャー11「いろいろな仲間」

問題20　分野：図形（重ね図形）

〈準備〉　鉛筆

〈問題〉　左の２枚を形を重ねると、どんな形ができるでしょうか。選んで○をつけてください。

〈時間〉　１分

〈解答〉　①左から２番目　②右端　③左端　④左から２番目　⑤右から２番目

[2020年度出題]

学習のポイント

選択肢から正解を選ぶ形式の問題の時に、お子さまがどう解答しているのかをよく見ておいてください。考えるよりも先に選択肢を見るようでしたら、しっかりと理解できていない可能性があります。自分で答えを出してから選択肢を見るのが本来の方法です。自分の答えがあいまいなまま選択肢を見てしまうと、迷ってしまうことになり、時間もかかってしまいます。選択肢はあくまでも自分の答えと合っているものを選ぶものであって、選択肢の中から正解を探すものではありません。もし、図形の理解ができていないようなら、ペーパーではなく具体物を使った基礎学習をしてみてください。理解が深まることはもちろんですが、応用問題への対応力も身に付けることができます。

【おすすめ問題集】
Ｊｒ・ウォッチャー35「重ね図形」

問題21　分野：行動観察（集団ゲーム）

〈準備〉　①なし　②ドッジボール

〈問題〉　この問題の絵はありません。
①だるまさんがころんだ
②ボール運びゲーム
・４つのチームに分かれて、２人１組でボール運び競争
・ビニール風呂敷にボールを載せて運ぶ
・落としたらスタート地点に戻る

〈時間〉　適宜

〈解答〉　省略

[2020年度出題]

学習のポイント

どちらもゲーム性の強い課題ですが、勝ち負けは基本的に関係ありません。行動観察という名前の通り、どんな行動をするのかを観察することが目的です。移動時や体育館に入るところから、すでに観られています。また、始まる前にはゲームの説明があるので、指示が守られているかも重要なポイントです。①では、ゲーム中に笛が吹かれ、先生のところに集まるという指示がありました。そうした時には、途中でもゲームを切り上げなければいけません。そうした、課題以外の行動の方が観られているといってもよいでしょう。小学校に入学すれば、集団での行動が中心になります。そして、集団行動をとる時に、その子は何を思い、どのような行動をとるのかということがテスターの関心事なのです。

【おすすめ問題集】

Ｊｒ・ウォッチャー29「行動観察」

☆国府台女子学院小学部

問題１２

①

②

③

④

日本学習図書株式会社

問題13－1

日本学習図書株式会社

問題13－2

問題１４－１

問題14－2

①

②

③

日本学習図書株式会社

☆国府台女子学院小学部

問題１５

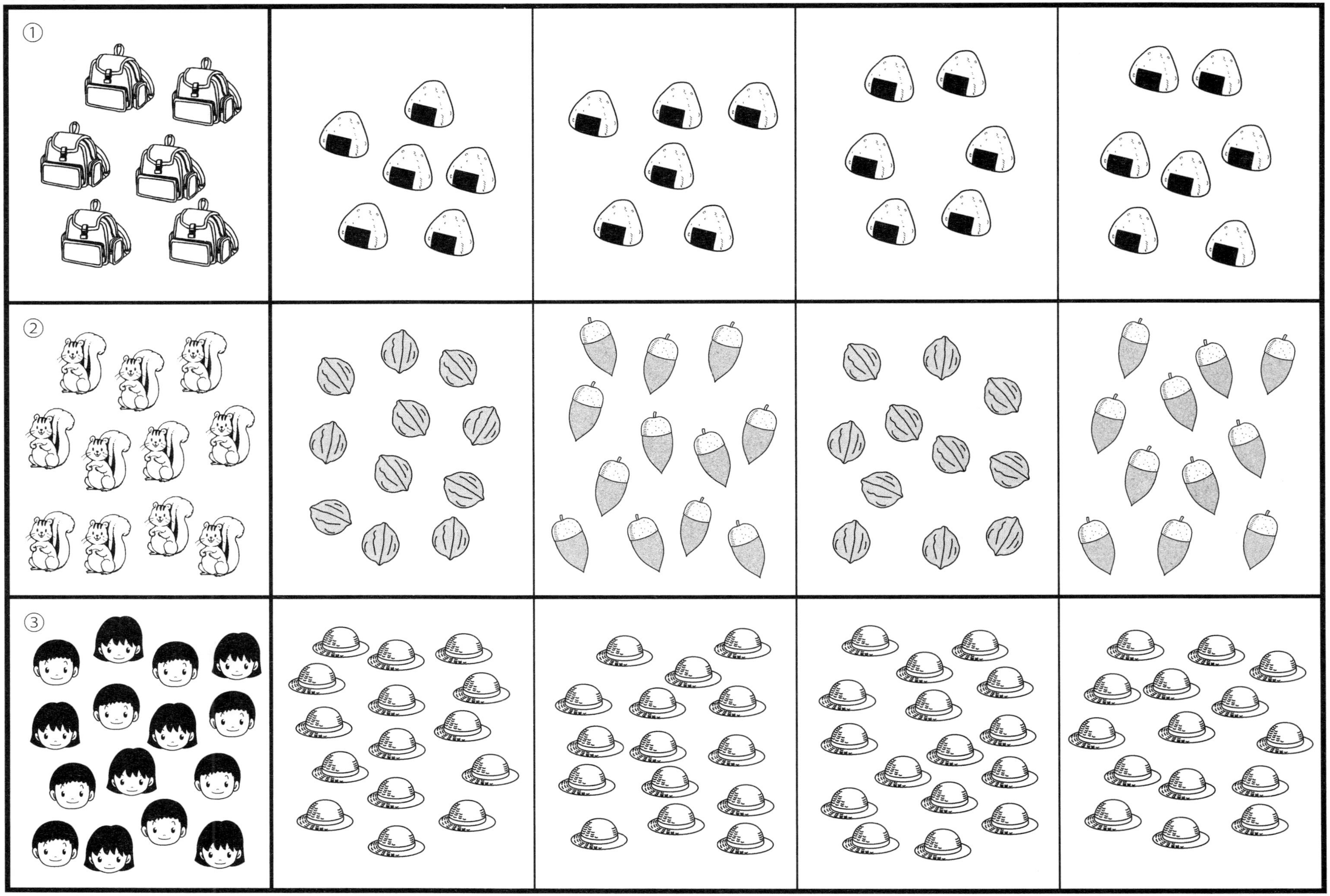

日本学習図書株式会社

☆国府台女子学院小学部

問題１６

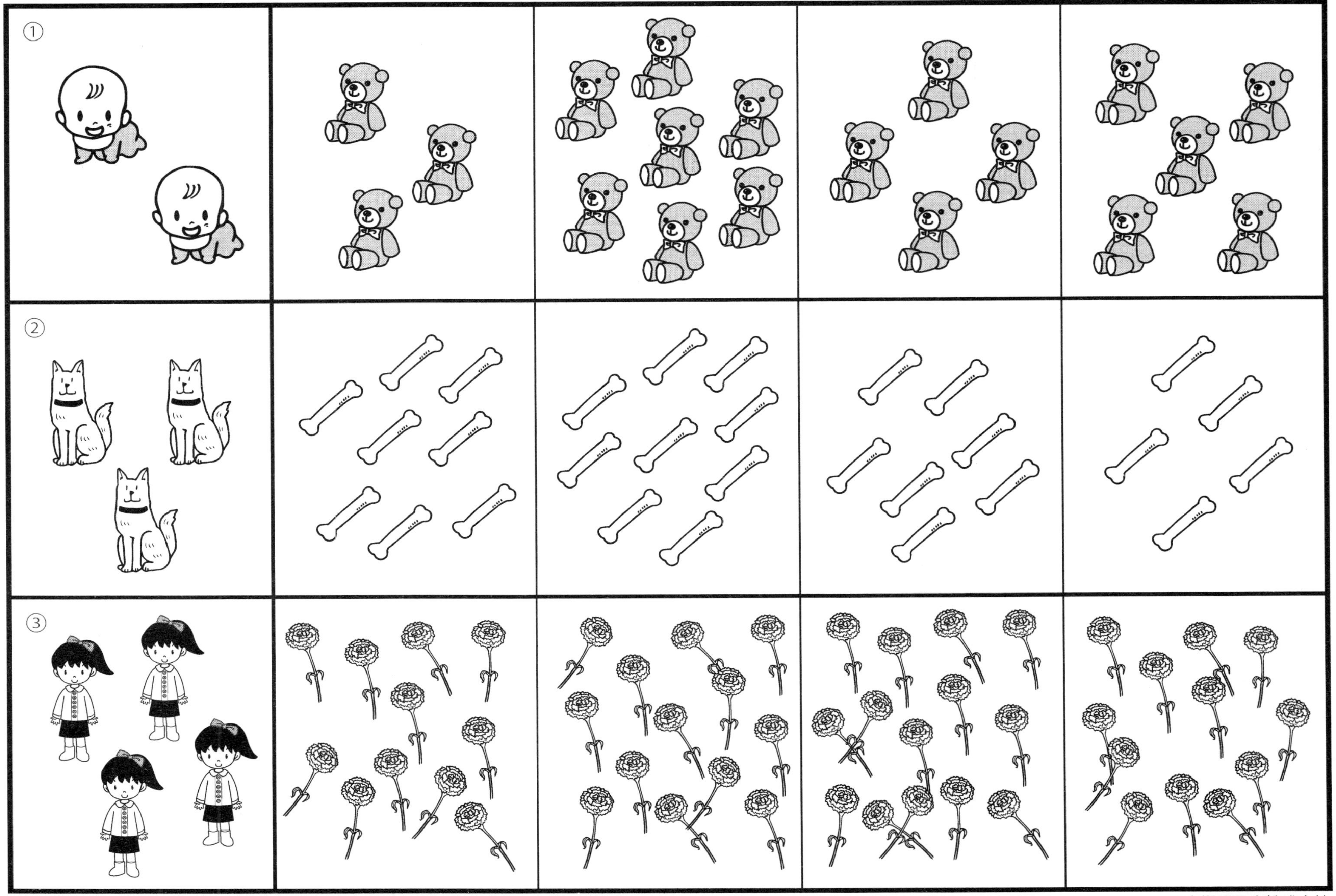

☆国府台女子学院小学部

問題17－1

①

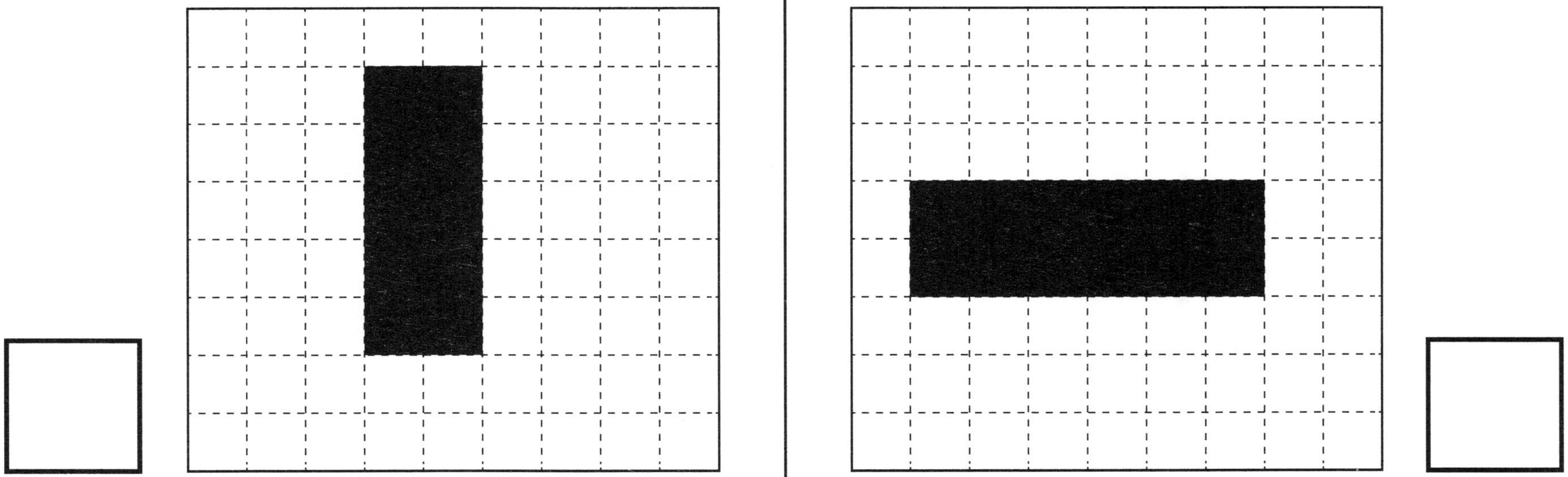

②

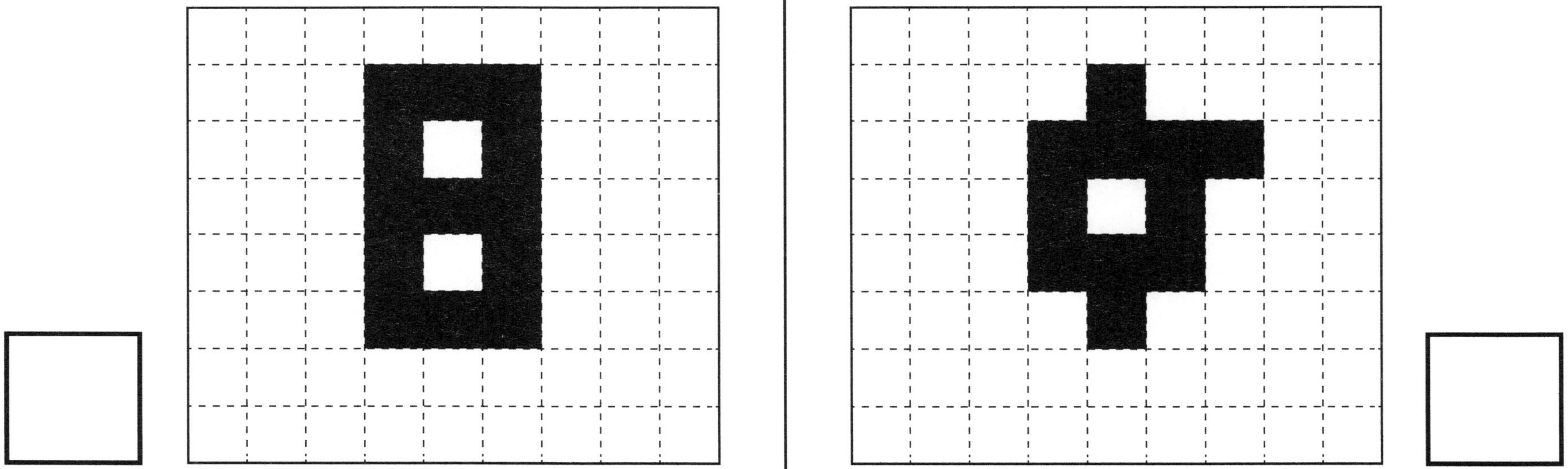

③

④

2022年度版 国府台・昭和学院 過去 無断複製／転載を禁ずる 日本学習図書株式会社

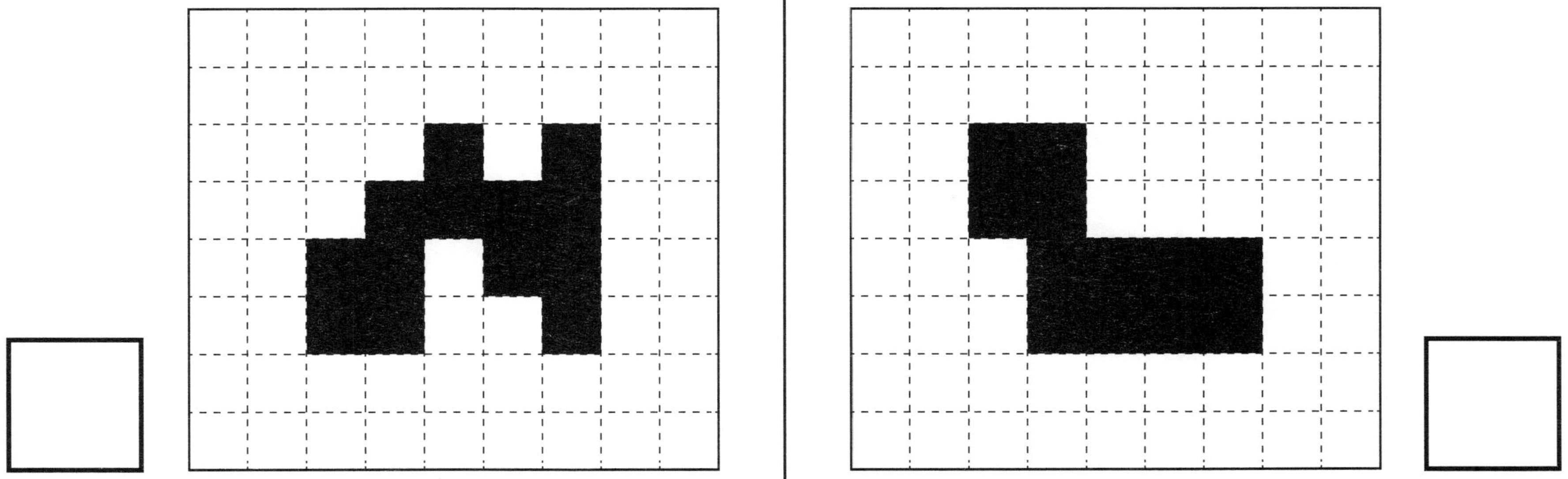

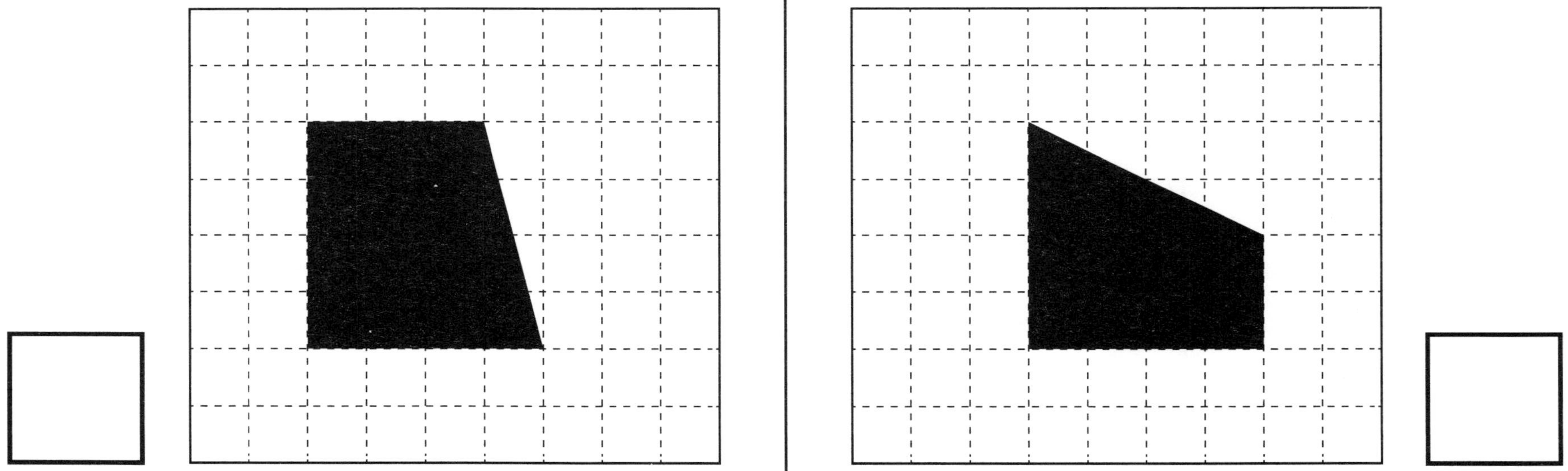

☆国府台女子学院小学部

2022 年度版 国府台 国府台・昭和学院 過去　無断複製／転載を禁ずる　日本学習図書株式会社

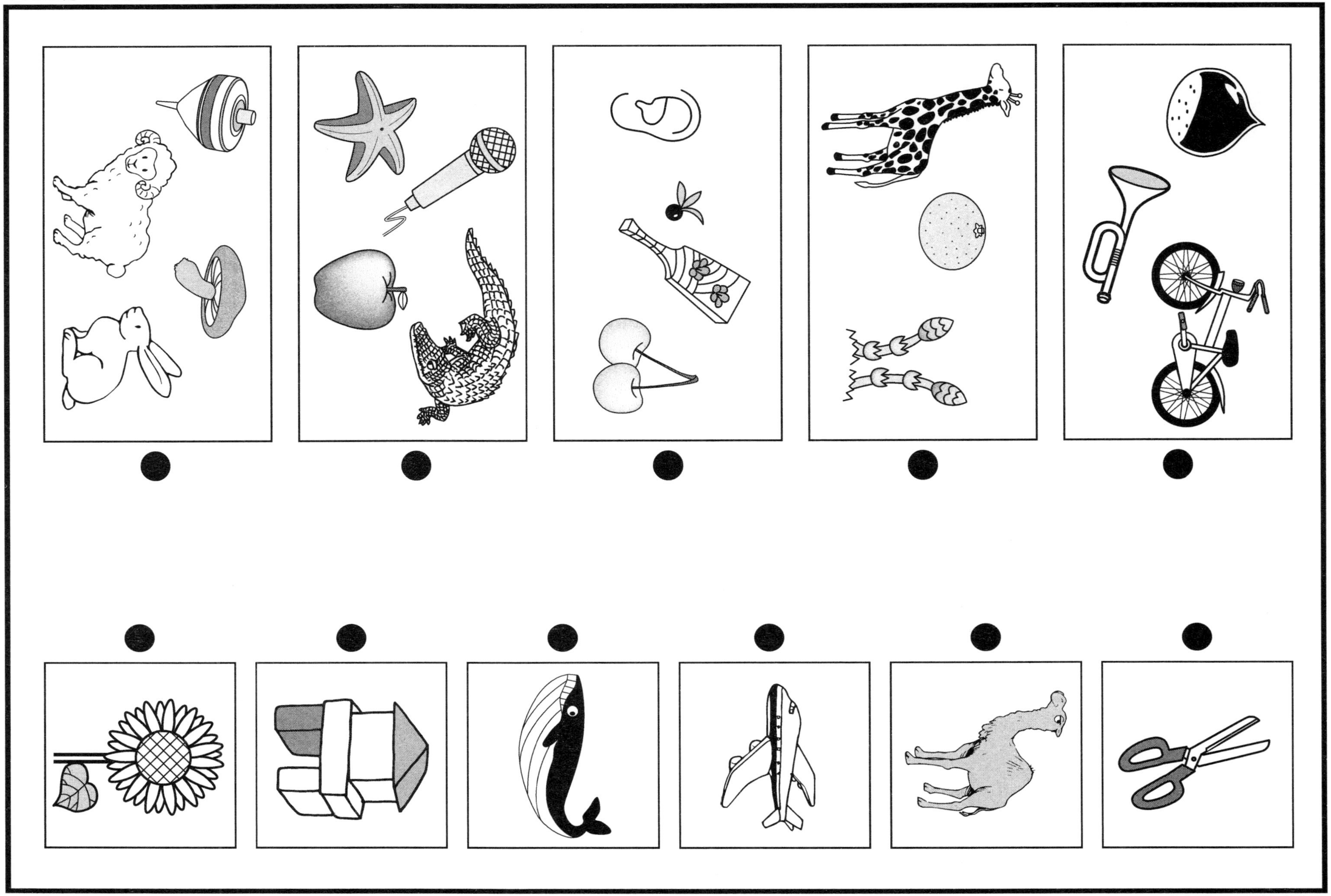

問題１９

①

②

③

④

⑤

日本学習図書株式会社

☆国府台女子学院小学部

問題２０

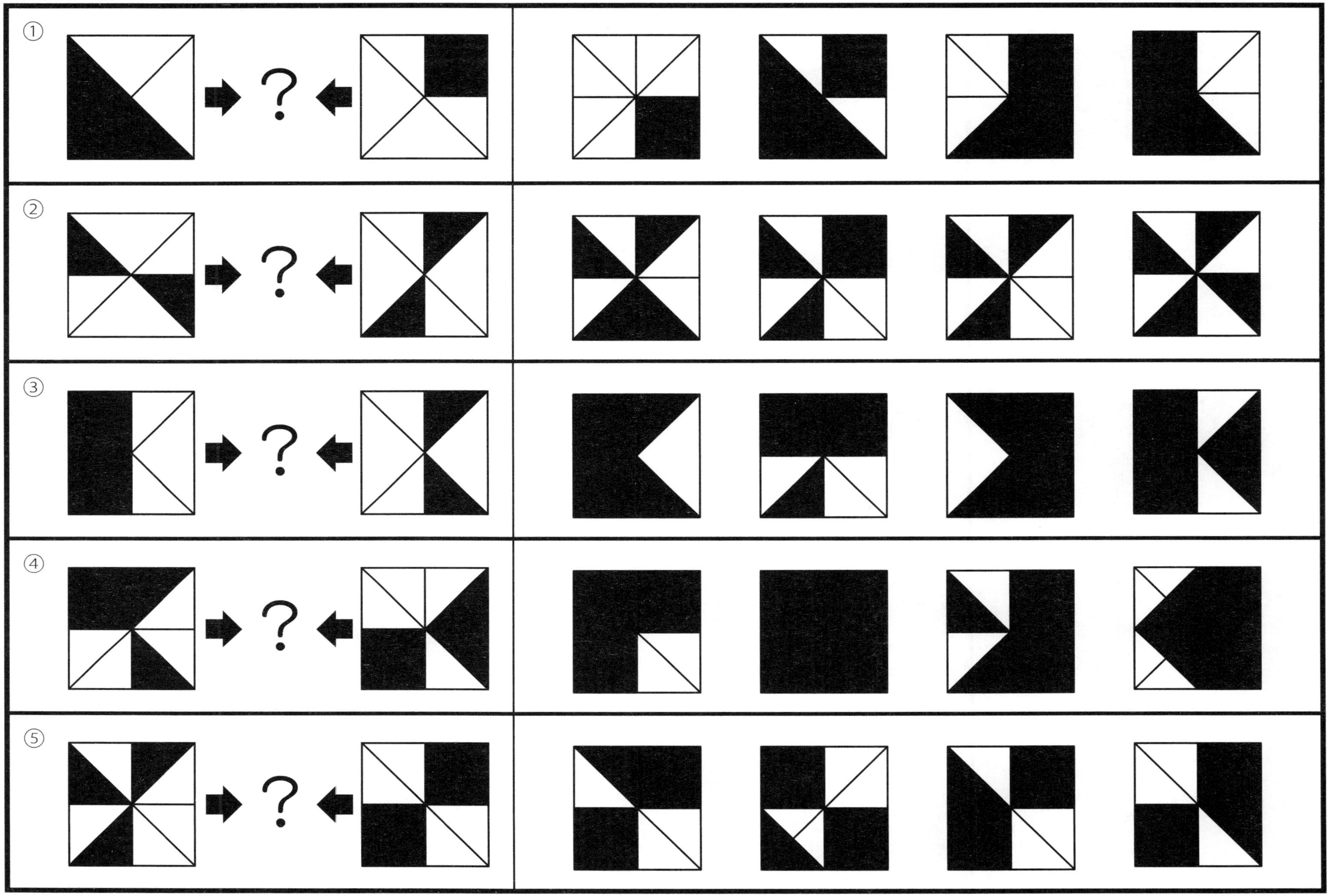

国府台女子学院小学部　専用注文書

年　　月　　日

合格のための問題集ベスト・セレクション

＊入試頻出分野ベスト３

1st 記憶：集中力／聞く力／観察力

2nd 数量：観察力／集中力／考える力

3rd 図形：考える力／観察力

記憶、数量、図形、言語、常識という幅広い分野からの出題です。なかでも記憶分野からは、お話の記憶と見る記憶が出題されています。付け焼き刃では対応できないので、早めの対策を心がけましょう。

分野	書　名	価格(税込)	注文	分野	書　名	価格(税込)	注文
図形	Ｊｒ・ウォッチャー４「同図形探し」	1,650円	冊	数量	Ｊｒ・ウォッチャー36「同数発見」	1,650円	冊
推理	Ｊｒ・ウォッチャー６「系列」	1,650円	冊	数量	Ｊｒ・ウォッチャー37「選んで数える」	1,650円	冊
常識	Ｊｒ・ウオッチャー11「いろいろな仲間」	1,650円	冊	数量	Ｊｒ・ウォッチャー38「たし算・ひき算１」	1,650円	冊
数量	Ｊｒ・ウォッチャー14「数える」	1,650円	冊	数量	Ｊｒ・ウォッチャー39「たし算・ひき算２」	1,650円	冊
数量	Ｊｒ・ウォッチャー15「比較」	1,650円	冊	数量	Ｊｒ・ウォッチャー40「数を分ける」	1,650円	冊
言語	Ｊｒ・ウォッチャー17「言葉の音遊び」	1,650円	冊	推理	Ｊｒ・ウォッチャー57「置き換え」	1,650円	冊
記憶	Ｊｒ・ウォッチャー19「お話の記憶」	1,650円	冊	常識	Ｊｒ・ウォッチャー55「理科②」	1,650円	冊
記憶	Ｊｒ・ウォッチャー20「見る記憶・聴く記憶」	1,650円	冊	推理	Ｊｒ・ウォッチャー58「比較②」	1,650円	冊
常識	Ｊｒ・ウォッチャー27「理科」	1,650円	冊	言語	Ｊｒ・ウォッチャー60「言葉の音（おん）」	1,650円	冊
観察	Ｊｒ・ウォッチャー29「行動観察」	1,650円	冊		１話５分の読み聞かせお話集①・②	1,980円	各　冊
推理	Ｊｒ・ウォッチャー31「推理思考」	1,650円	冊		お話の記憶問題集 初級編	2,860円	冊
図形	Ｊｒ・ウォッチャー35「重ね図形」	1,650円	冊		お話の記憶問題集 中級編	2,200円	冊

合計	冊	円

（フリガナ） 氏　名	電　話 ＦＡＸ E-mail
住 所 〒　　　－	以前にご注文されたことはございますか。 有　・　無

★お近くの書店、または記載の電話・FAX・ホームページにてご注文をお受けしております。
　電話：03-5261-8951　FAX：03-5261-8953　代金は書籍合計金額＋送料がかかります。
　※なお、落丁・乱丁以外の理由による商品の返品・交換には応じかねます。
★ご記入頂いた個人に関する情報は、当社にて厳重に管理致します。なお、ご購入の商品発送の他に、当社発行の書籍案内、書籍に関する調査に使用させて頂く場合がございますので、予めご了承ください。

日本学習図書株式会社
http://www.nichigaku.jp

◎学習効果を上げるため、前掲の「家庭学習ガイド」及び「合格のためのアドバイス」をお読みになり、各校が実施する入試の出題傾向を、よく把握した上で問題に取り組んでください。
※冒頭の「本書ご使用方法」「本書ご使用にあたっての注意点」も併せてご覧ください。

〈昭和学院小学校〉

2021年度の最新問題

問題22　分野：常識（日常生活）

〈準備〉　鉛筆

〈問題〉　仕事をしている人と、それに関係のあるものをそれぞれ線でつなぎましょう。

〈時間〉　30秒

問題23　分野：常識（季節）

〈準備〉　『うれしいひなまつり』の音源が入ったＣＤ、再生機器、鉛筆

〈問題〉　（『うれしいひなまつり』の歌を流して、問題23の絵を渡す）
①上の段を見てください。今聴いた歌に関係する絵はどれですか。○をつけてください。
②下の段を見てください。今聴いた歌と同じ季節の絵はどれですか。○をつけてください。

〈時間〉　各20秒

問題24　分野：お話の記憶

〈準備〉　鉛筆

〈問題〉　これから読むお話をよく聞いて、後の質問に答えてください。

ある森に、魔法使いが住んでいました。森の生きものたちは、魔法使いのことが大好きで、みんな楽しく過ごしていました。ある日のこと、１羽のハクチョウが仲間に言いました。「どうすれば、魔法使いのような不思議な力を持つことができるのだろう」「かんたんさ。魔法使いから、魔法を教えてもらえばいいじゃないか」と、別のハクチョウが言いました。「そうだな。さっそく教えてもらおう」ハクチョウたちは、魔法使いのところへ行って、言いました。「おねがいです。どうか、魔法を教えてください」すると、魔法使いはにっこり笑って答えました。「それでは、あなたたちの中で１番のハクチョウに、魔法を教えましょう」ハクチョウたちは、大喜びで家に帰るとすぐに、みんなで川に出かけ、水浴びをして体をきれいにしました。どのハクチョウも、「自分が１番のハクチョウだ！」と思っています。けれども１羽、自分の姿を川の水に映して、ため息をついているハクチョウがいました。そのハクチョウの名前は、ショーンといい、体が小さくて羽は少し黒っぽくみえました。「ああ、ぼくが魔法を教えてもらえることなんて、きっとないだろう。体にかざるお花でも摘みにいこうかなあ」ショーンはため息をついて、野原へ行ってみました。すると、女の子が倒れているのをみつけました。女の子は足に怪我をして、とても歩けそうにありません。ショーンは、自分の背中に女の子を乗せ、女の子の家がある海の方まで運んであげました。「ありがとう、優しいハクチョウさん」ほめられたショーンはとてもうれしくなりました。しばらく砂浜を歩いていると、おばあさんがしくしくと泣いていました。「急に風が吹いてきて、砂が目に入って何もみえなくなってしまったんだよ」「それは大変！」ショーンは、自分の羽を使って、そっとおばあさんの目をなでました。すると、おばあさんの目がパッチリと開きました。「ありがとう、優しいハクチョウさん」ほめられたショーンはうれしくなって、今度はお城の方へ飛んでいきました。すると、「ハクチョウさん、はやくにげなさい！　こんなところにいると、王様の兵隊につかまってしまうよ」とおじいさんの声がしました。「実は、王様が、わたしにハクチョウの羽で、たくさん帽子を作るようにと言ったのだ」「ハクチョウの羽で？」「そうだ。でも、ハクチョウがかわいそうだから、わたしは断ったんだ。すると、王様はカンカンに怒って、わたしを捕まえにくるというのだ」「それじゃあ、早く逃げて」「いや、どこへ逃げても兵隊は追いかけてくる。しかし、空を飛べるお前さんは別だ。早く森へ帰って仲間のハクチョウたちに兵隊が捕まえに来ることを伝えるがいい。さあ、急いで！」すると、ショーンは自分の体の羽を、おじいさんに渡して言いました。「ぼくの羽でよければ、どうぞ使ってください。それで、おじいさんが助かるのなら、そしてほかのハクチョウたちが助かるのなら……」みんなのために羽を使ったショーンは、空を飛べずにピョンピョンとかけだして行きました。ショーンは空を飛べなくなっても、みんなが幸せになれると思うと心が温かくなるのでした。ショーンが森へ帰るとほかのハクチョウたちがショーンを見つけて言いました。「見ろよ！　ハクチョウのくせに羽がほとんどなくて、飛べないじゃないか。おまえなんか、あっちへ行け！」ショーンは恥ずかしくて、顔を真っ赤にして岩のかげにかくれてしまいました。やがて、森に魔法使いが現れました。ハクチョウたちは、魔法使いの前に駆け寄ります。誰が魔法を教えてもらえるのか、みんなドキドキしていました。すると、魔法使いは、岩のかげにかくれていたショーンを抱き上げて言いました。「あなたは、人の為になることをしましたね。とてもすばらしい心を持っている、１番のハクチョウはショーンです」すると、ショーンに七色の美しい羽が生えてきました。それを見て、魔法使いはにっこりと笑いました。

（問題24の絵を渡す）
①ショーンに見えなくなった目を治してもらったのは誰ですか。選んで○をつけてください。
②王様がおじいさんにハクチョウの羽で作るように言ったものはどれですか。選んで○をつけてください。
③ショーンが羽のないことを馬鹿にされ、隠れた場所はどこですか。選んで○をつけてください。
④お話でショーンが行かなかった場所はどこですか。○をつけてください。

〈時間〉　各30秒

問題25　分野：図形（重ね図形）

〈準備〉　鉛筆

〈問題〉　①左上の四角を見てください。四角、ハート、ダイヤの３つの形を重ねました。重なったところの形はどれですか。その下の四角から選んで全部に○をつけてください。
②右上の四角を見てください。丸、三角、星の３つの形を重ねました。重なったところの形はどれですか。その下の四角から選んで全部に○をつけてください。

〈時間〉　各30秒

問題26　分野：図形（パズル）

〈準備〉　鉛筆

〈問題〉　**この問題の絵は縦に使用してください。**
上の絵を見てください。空いているところにどのパズルを入れると、絵ができあがりますか。下の四角から選んで○をつけてください。

〈時間〉　30秒

問題27　分野：推理（座標の移動）

〈準 備〉　あらかじめ、問題27の絵の○に指定の色を塗っておく。
緑色のクーピーペン

〈問 題〉　**この問題の絵は縦に使用してください。**
（問題27の絵を渡して）
上の四角を見てください。赤い丸から青い丸へ点線の上を進んで行きます。
左を見てください。１回曲がって、赤い丸から青い丸へ行く進み方は２通りあって太い線のようになります。
右を見てください。２回曲がって、赤い丸から青い丸へ行く進み方は２通りあって太い線のようになります。
なお、１度通った点線は２回通れません。
①真ん中の四角を見てください。３回曲がって赤い丸から青い丸へ行くには、どの点線を通ればよいでしょう。緑のクーピーペンでなぞってください。
②下の四角を見てください。４回曲がって赤い丸から青い丸へ行くには、どの点線を通ればよいでしょう。緑のクーピーペンでなぞってください。

〈時 間〉　各50秒

問題28　分野：推理（ブラックボックス）

〈準 備〉　鉛筆

〈問 題〉　**この問題の絵は縦に使用してください。**
１番上の段を見てください。左のリンゴが「☆」「★」の箱に入ると右のように変わります。
真ん中の段と下の段の左にあるリンゴはいくつになるでしょうか。それぞれの段の下のマス目にその数だけ○を書いてください。

〈時 間〉　各30秒

問題29　分野：数量（選んで数える）

〈準 備〉　鉛筆

〈問 題〉　１番数が多い楽器は何ですか。下のマス目にその数だけ○を書いてください。

〈時 間〉　各50秒

問題30　分野：数量（積み木）

〈準備〉　鉛筆

〈問題〉　上の段には積み木を上から見た絵が描いてあります。下の段には同じ積み木をを横から見た絵が描いてあります。下の段の1番数が多い積み木に○、1番数が少ない積み木に△をつけてください。

〈時間〉　40秒

問題31　分野：個別テスト（口頭試問）

〈準備〉　なし

〈問題〉　**この問題の絵はありません。**
あいさつの後、以下の質問をする。
「あなたの名前を教えてください」
「幼稚園では何をして遊ぶのが好きですか」

〈時間〉　1分

問題32　分野：個別テスト（お話作り）

〈準備〉　問題32の絵を線に沿って4枚に切り離しておく

〈問題〉　（切り離した絵を渡す）
この4枚の絵を好きなように並べてお話を作ってください。

〈時間〉　20秒（考える時間）

問題33　分野：個別テスト（日常生活）

〈準 備〉　なし

〈問 題〉　**この問題の絵はありません。**

ともこさんは仲良しのみかさんが、間違って花瓶を割ってしまったのを教室のドアのところで見てしまいました。ですが、みかさんは誰も見ていないと思って、そのままいなくなってしまいました。ともこさんは「どうしよう」と困っています。

①もしあなたが、ともこさんだったらこの後、どうしますか。

以下、①の質問に対する志願者の回答によって次の質問（②）が変わる
A.回答が「（1人で）片付ける」だった場合
②花瓶を割ったのはみかさんだと誰にも言わなくてよいですか。
B.「みかさんに謝るようように言う」「だめだよと注意する」だった場合
②「みかさんに『怒られちゃうからいっしょに謝って』言われました。どうしますか」
C.「先生に言う」だった場合
②「先生に言うとみかさんがい怒られてしまうけどいいのかな」
D.「知らんぷりをする」または無回答だった場合
②「誰がやったのかと大騒ぎになるかもしれないけどいいのかな」

〈時 間〉　2分程度

問題34　分野：個別テスト（常識）

〈準 備〉　なし

〈問 題〉　（問題34の絵を渡す）
①上の段を見てください。トマト、ナス、ニンジンは同じ仲間です。仲間にならないのは卵と魚です。どうして卵や魚は仲間にならないのですか。
②下の段を見てください。5つあるもののうち、4つは仲間です。このなかで仲間にならないのはどれですか。（絵を1つ選ばせる）。どうしてそれ（選んだ絵）は仲間にならないのですか。

〈時 間〉　各30秒

問題35　分野：個別テスト（図形の構成）

〈準 備〉　あらかじめ、問題35の絵を切り分けておく。

〈問 題〉　（問題35の絵を切り分けたものを渡して）線がつながるように、マスの上にパズルを並べてください。

〈時 間〉　2分

問題36　分野：行動観察

〈準備〉　①魚の絵（数枚）、クリップの付けられた魚の絵、付けられた糸の先に磁石を結んである竿　②口の部分に磁石がつけられ、磁石を近づけると口が開くしかけのあるワニの絵、磁石

〈問題〉　**この問題の絵はありません。**
（集団授業形式で行われる）
①（魚の絵を机の上に並べ、竿を渡す）
この中で釣ることができる魚はどれですか。
（答えた後に）それはどうしてですか。
②（磁石を渡して）
ワニの口を開かせるにはどうしたらよいでしょうか。
（答えた後に）
なぜ口を開いたのだと思いますか。

〈時間〉　適宜

問題37　分野：制作

〈準備〉　Ａ３サイズの色画用紙（見本のように切り込み線とのりしろを書いておく）、色画用紙数枚（飾り付け用）、ハサミ、スティックのり、洗濯バサミ

〈問題〉　**この問題は絵を参考にしてください。**
①Ａ３の色画用紙を線が書いてある方を外側にして、筒状に丸てください。できたら、端をのりで貼り合わせ、はがれないように洗濯バサミで留めてください。
②のりがついたら、切り込み線に沿って、ハサミで切ってください。切ったら外側に広げて、貼り合わせてください。
③最後に飾り付け用の画用紙を使って、自由に冠を飾り付けてください。

〈時間〉　約20分

問題38　分野：運動

〈準備〉　なし

〈問題〉　**この問題の絵はありません。**
①行進、クマ歩き、両足ジャンプなど
②サーキット運動（ケンパー→クマ走り→前転→ダッシュ）

〈時間〉　適宜

問題39　分野：面接

〈準備〉　なし

〈問題〉　**この問題の絵はありません。**

【保護者へ】
・宣言中はどのように過ごしていましたか
・当校への志望理由を教えてください。
・本校をどのようにして知りましたか。
・ご家庭の教育方針を教えてください。
・お休みの日はどのようにお子さんと過ごしていますか。
・子ども同士で何かトラブルがあった時はどう対応しますか。
・子育てで気を付けていることはありますか。
・お子さまが、今１番興味を持っていることは何ですか。
・お子さまの成長を感じるのはどんな時ですか。

【志願者へ】
・お名前を教えてください。
・通っている幼稚園（保育園）の名前を教えてください。
・幼稚園（保育園）で楽しかったことを教えてください。
・この学校の名前を教えてください。
・小学生になったら、学校で何をしたいですか。
・大きくなったら何になりたいですか。
・ここまでどうやって来ましたか。
・好きな本はありますか。その理由も教えてください。

〈時間〉　15分程度

問題２２

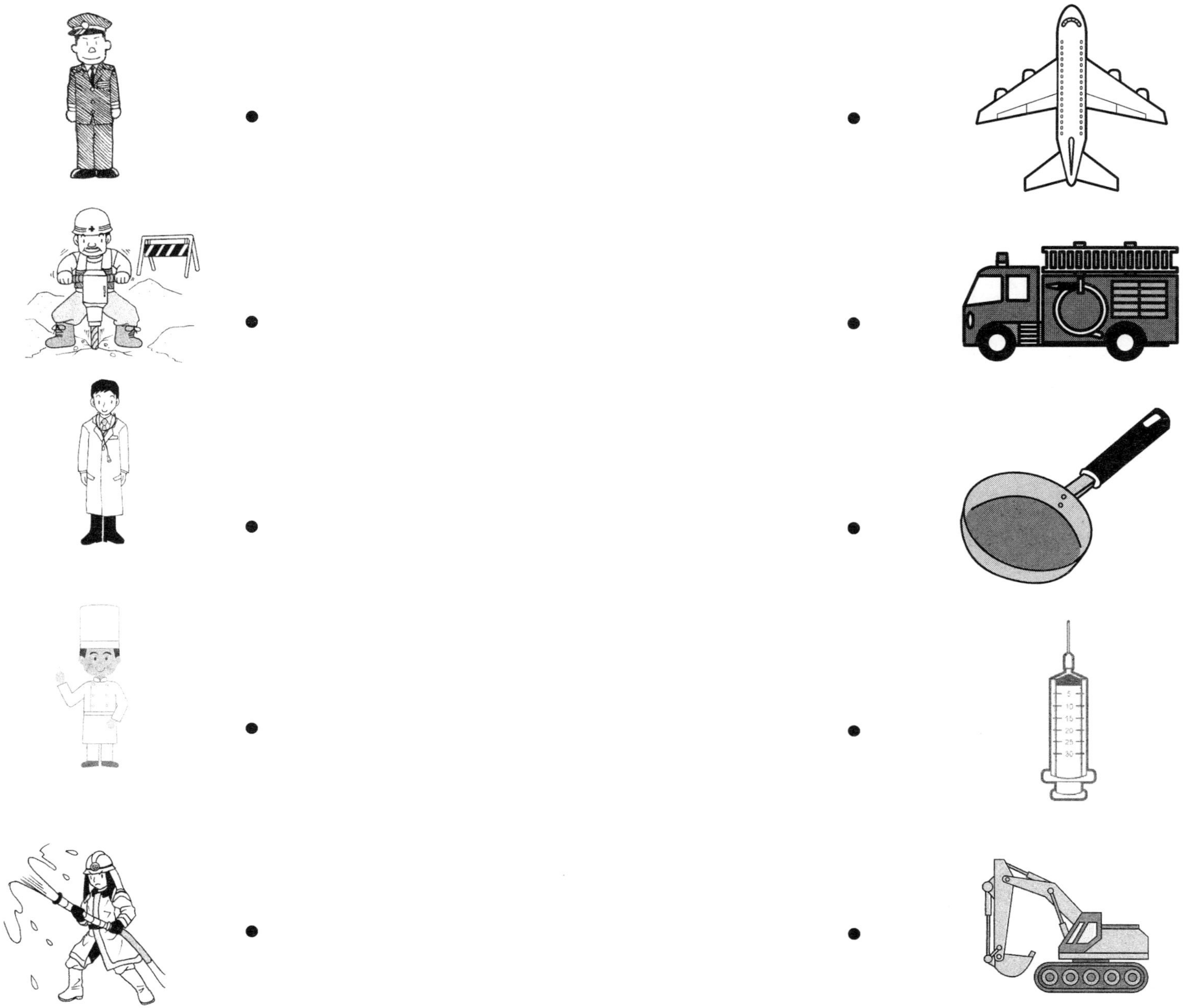

問題２３

①

②

☆昭和学院小学校

問題２４

①

②

③

④

☆昭和学院小学校

問題２５

①

②

☆昭和学院小学校

2022 年度版　国府台・昭和学院　過去　無断複製／転載を禁ずる　日本学習図書株式会社

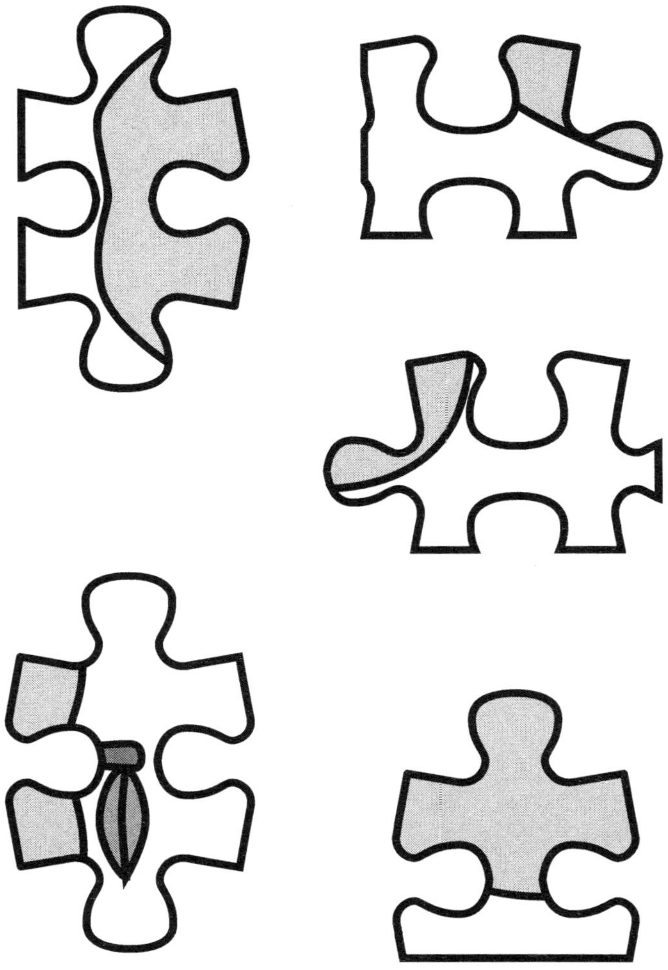

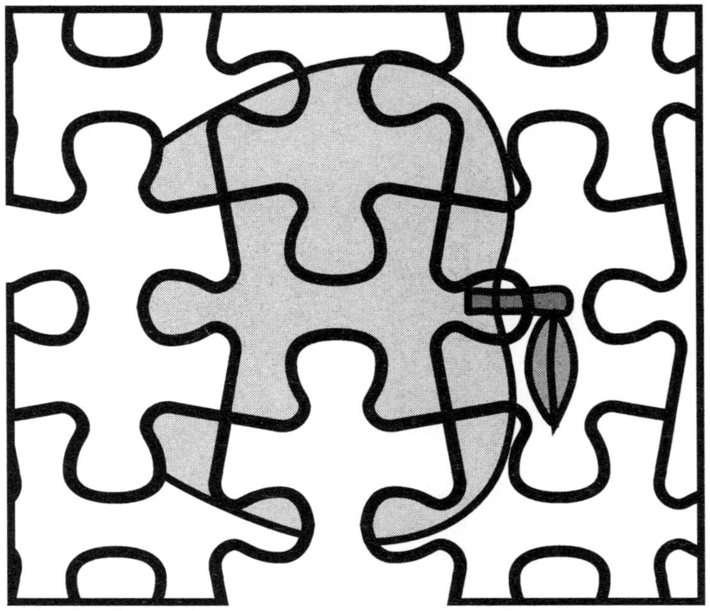

☆昭和学院小学校

問題２７

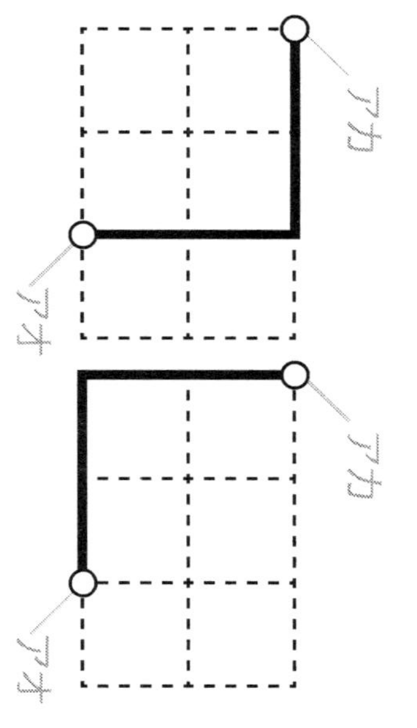

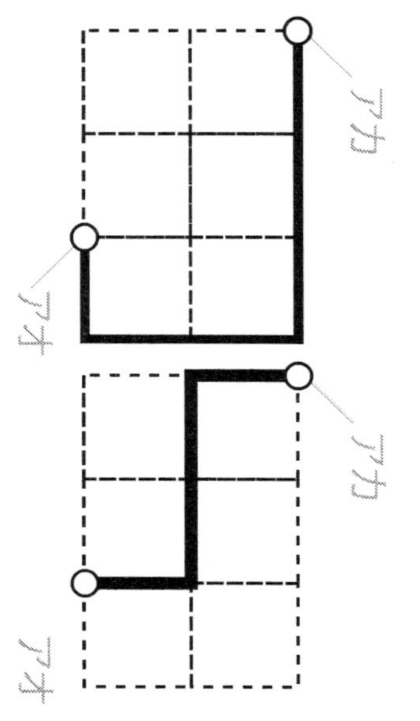

①

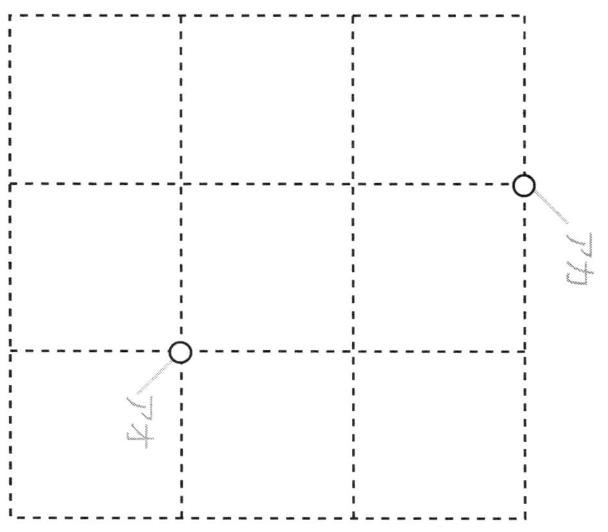

②

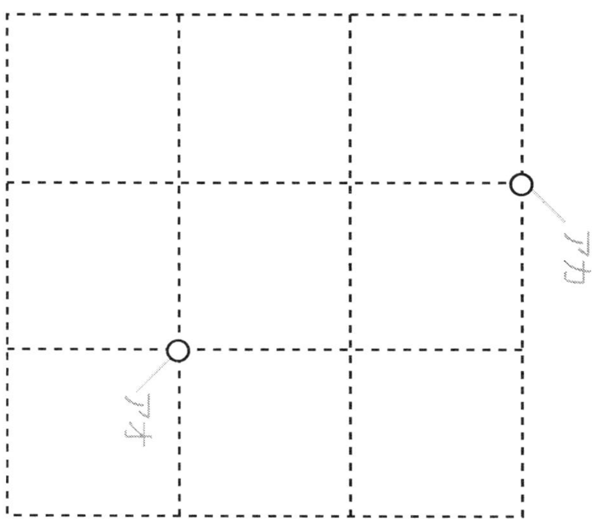

日本学習図書株式会社

問題28

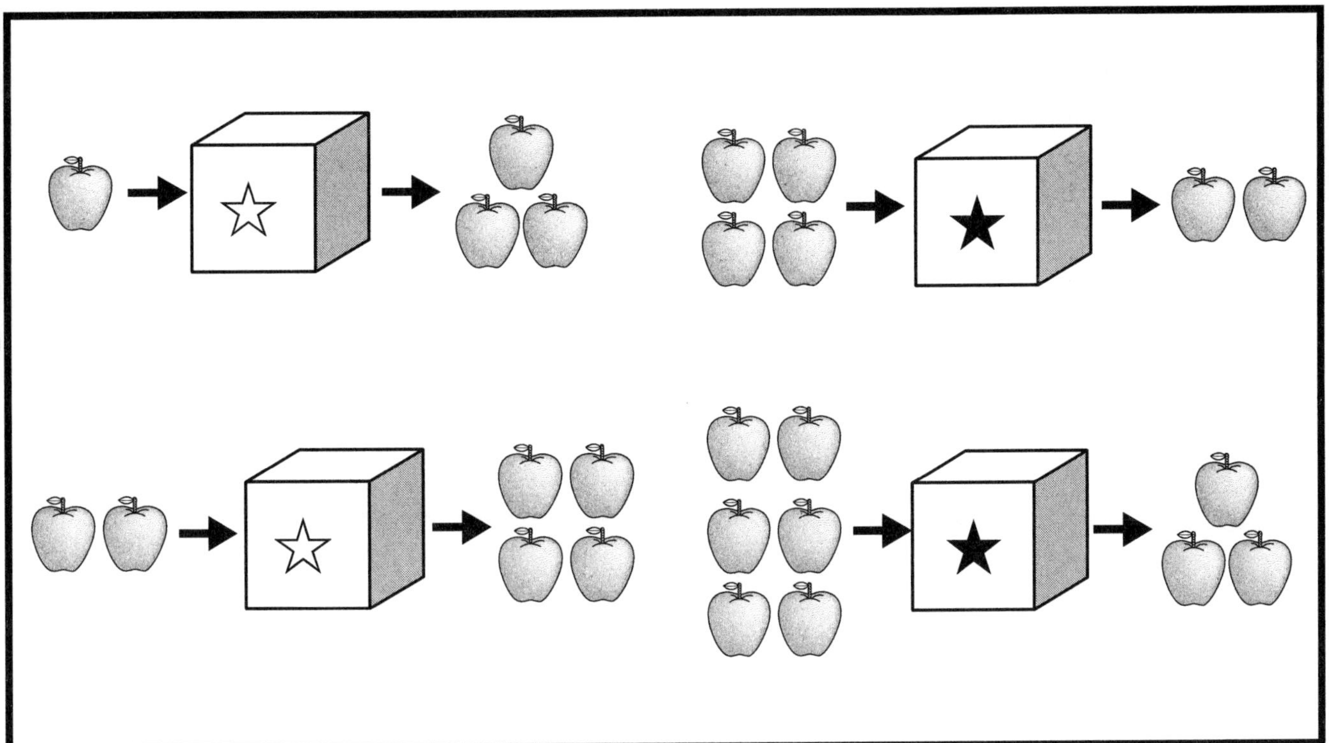

①

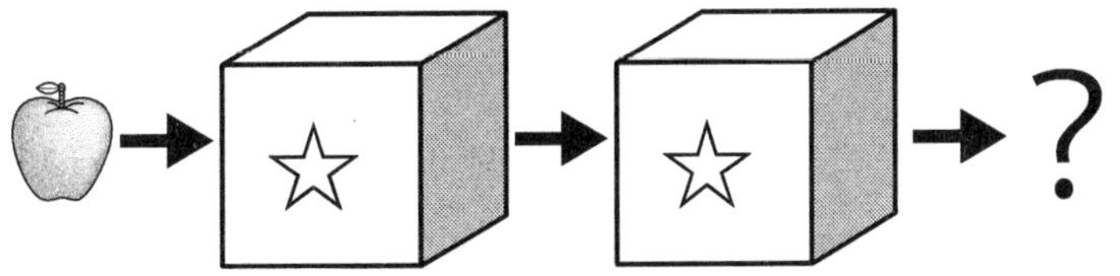

②

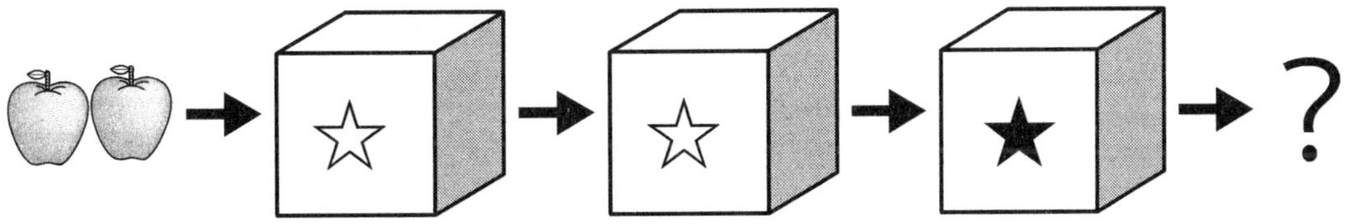

☆昭和学院小学校

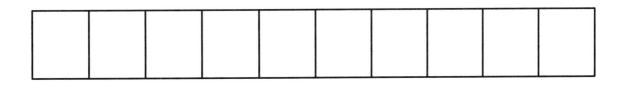

☆昭和学院小学校

問題２９

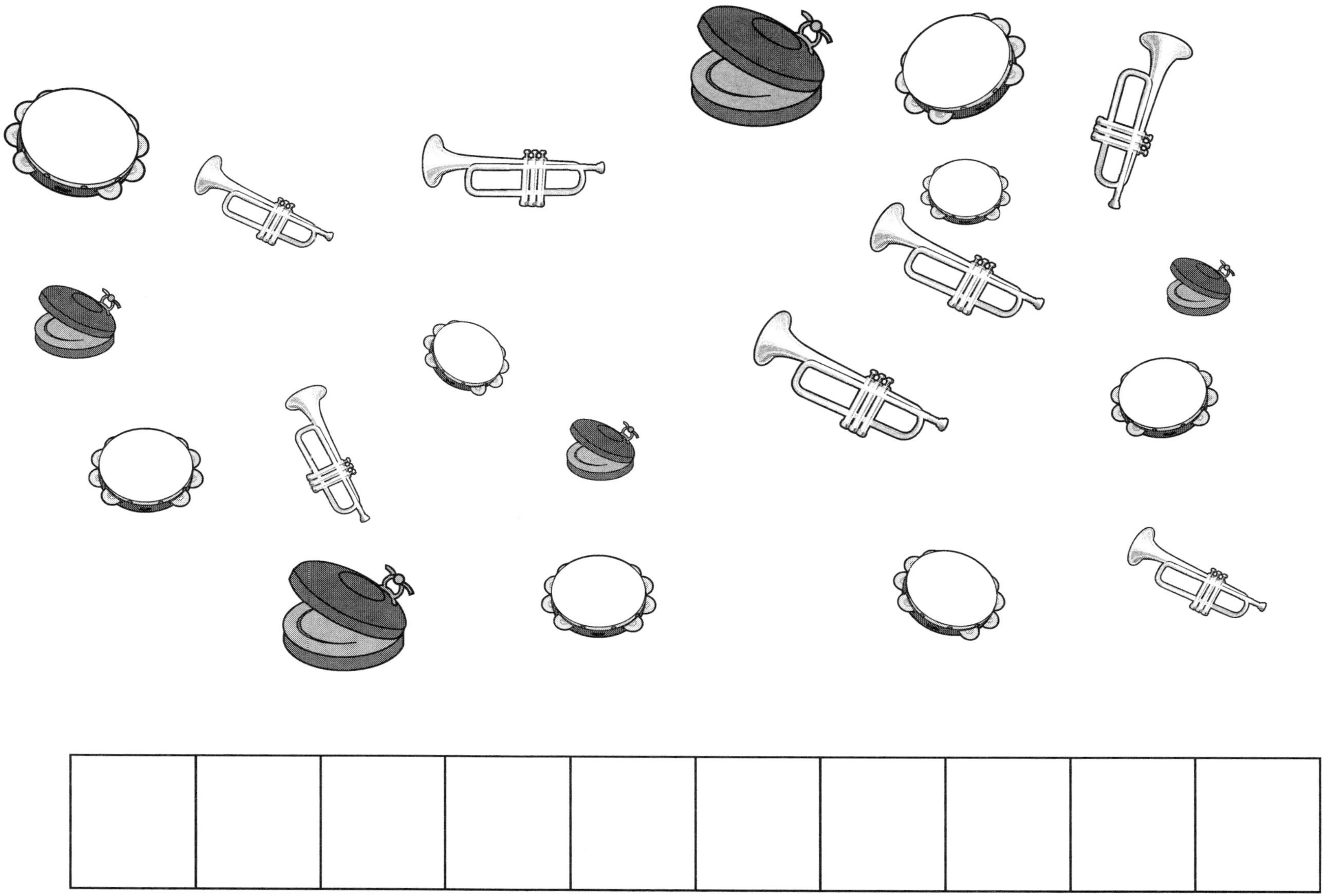

☆昭和学院小学校

2022 年度版 国府台・昭和学院 過去　無断複製／転載を禁ずる　　日本学習図書株式会社

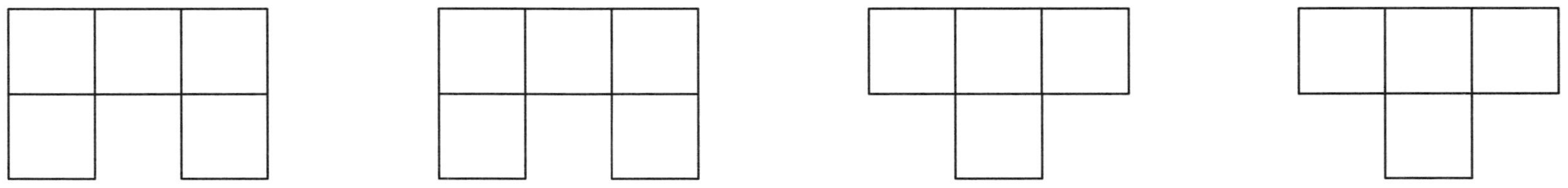

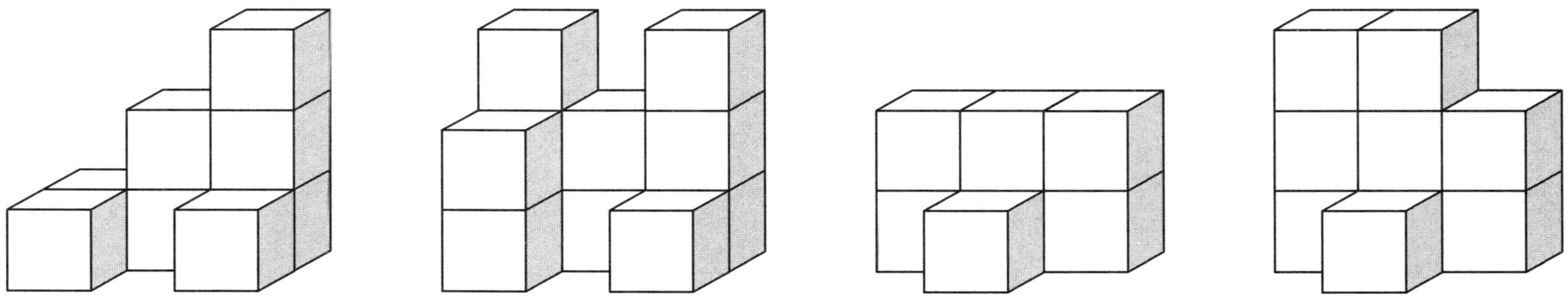

2022年度版 国府台・昭和学院 過去 　無断複製／転載を禁ずる 　　　　　日本学習図書株式会社

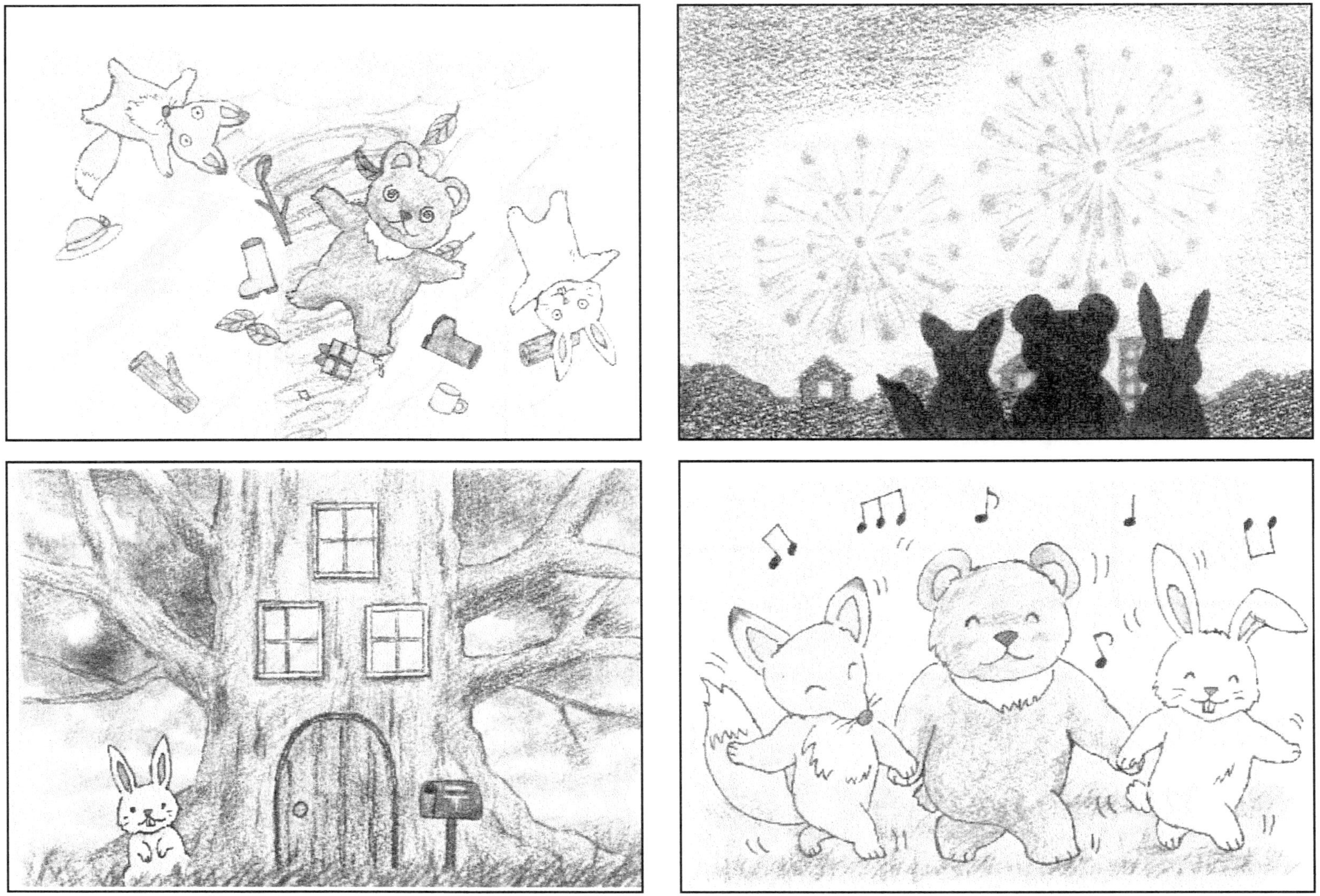

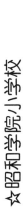

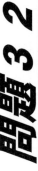

問題34

①

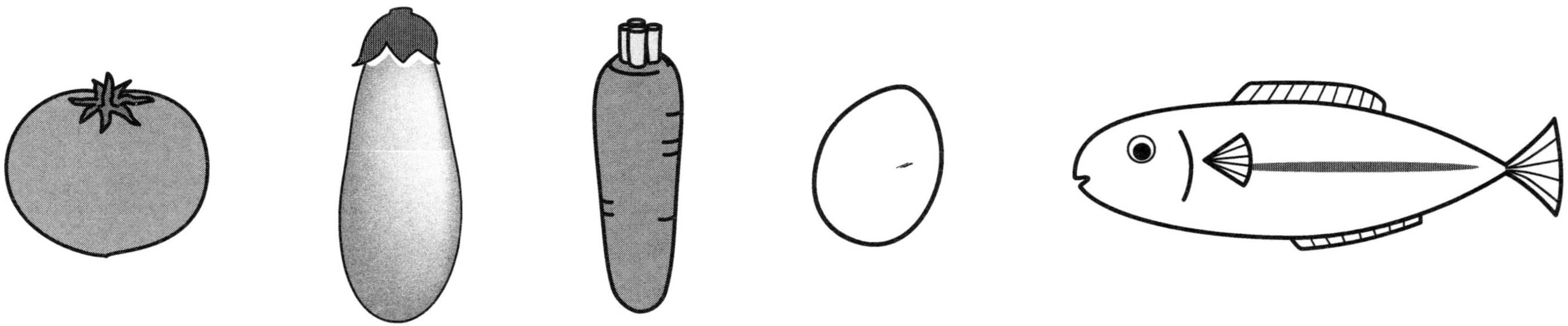

②

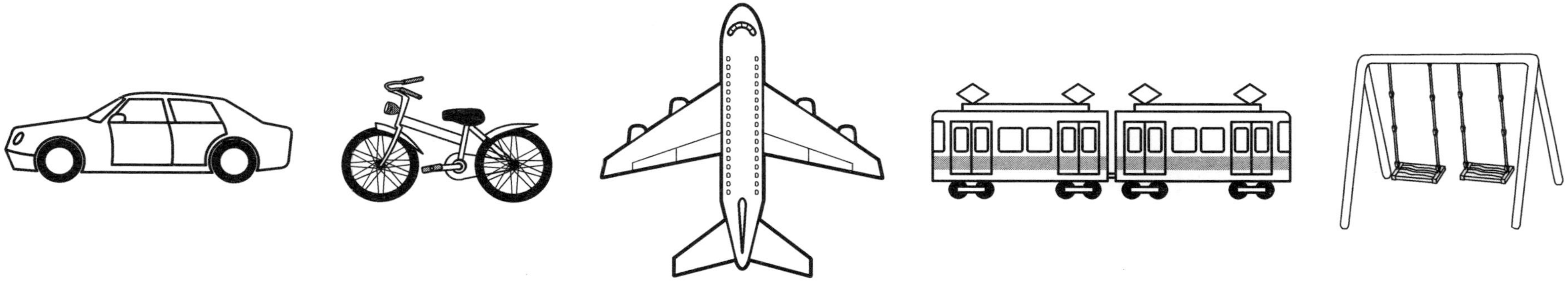

問題３５

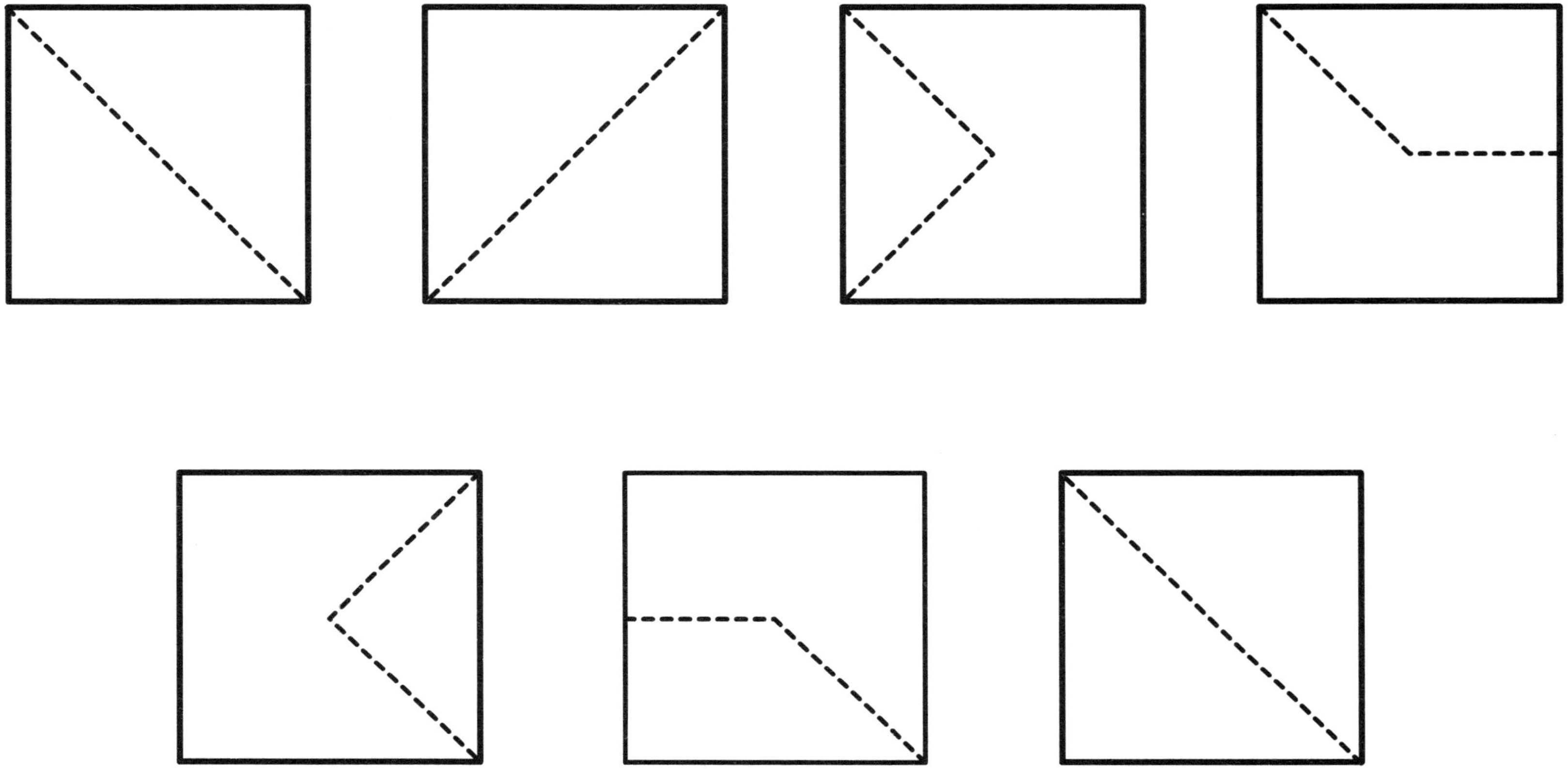

問題３７

〈みほん〉

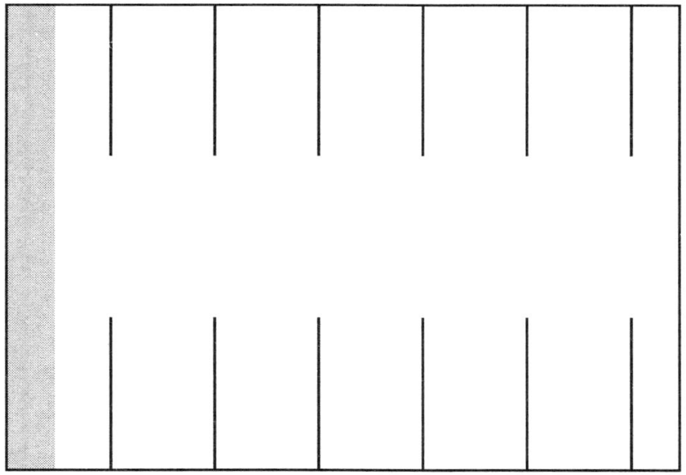

①

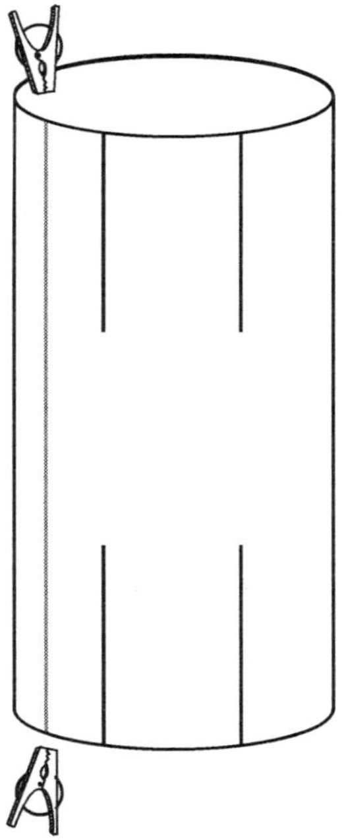

②

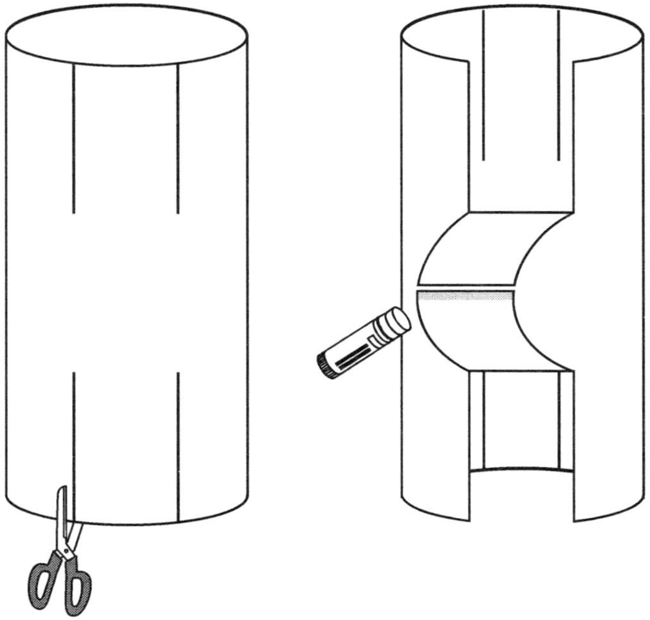

③

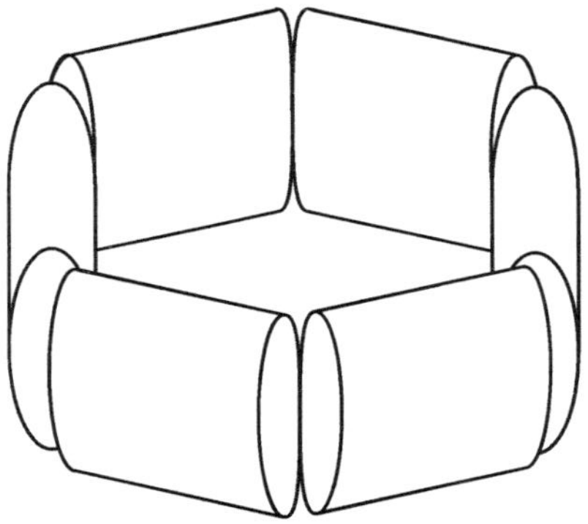

2021年度入試
解答例・学習アドバイス

解答例では、制作・巧緻性・行動観察・運動といった分野の問題の答えは省略されています。こうした問題では、各問のアドバイスを参照し、保護者の方がお子さまの答えを判断してください。

問題22　分野：常識（生活）

〈解 答〉　下図参照

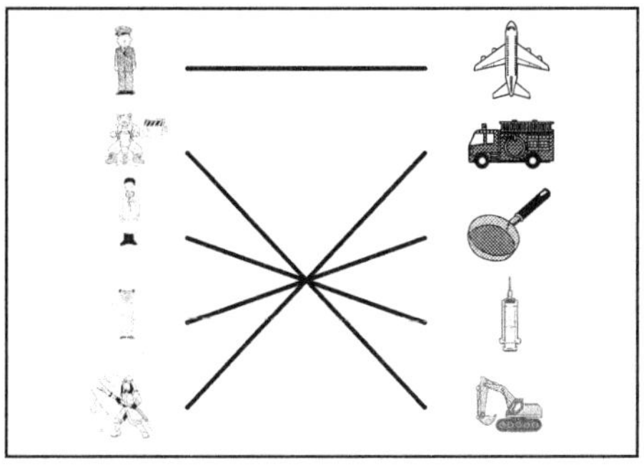

最近はあまり出題されませんが、時折このように道具とそれを使う人、職業に関しての出題があります。マナーや生活に関する常識についての問題でも同じことが言えますが、これは年齢なりの社会常識を身に付けているかをチェックするためのものです。あくまで年齢なりのものなので、専門的なことや複雑なことは知らなくかまいません。保護者の方が「生活の中で目にしたものをお子さまに説明する」ということだけを守っていれば、ほとんどものに対して答えられますが、心配なようなら類題を解いておきましょう。

【おすすめ問題集】

Ｊｒ・ウォッチャー11「いろいろな仲間」、12「日常生活」

問題23　分野：常識（季節）

〈解 答〉　①左から２番目（雛人形）　②右から２番目（花見）

季節の行事と歌を結びつけられれば簡単に答えられる問題です。行事、花、食べものなどと季節は関連付け、身近なものとしてとらえられるようにしておきましょう。関連付けるということははこの年頃のお子さまにとっては、体験する、経験するということと同じです。もう少し成長すれば本やネットから知識を知り、経験と関連付け、自分の知識とすることもできるでしょうが、それはまだ無理なのです。ですから、こういった問題でもわからなければ答えを覚えさせるというより、体験を補ってあげる、できるだけそういう機会を設けてあげるようにしてください。

【おすすめ問題集】

Ｊｒ・ウォッチャー34「季節」

問題24　分野：お話の記憶

〈解 答〉　①右から２番目（おばあさん）　②左から２番目（帽子）
③右端（岩）　④右から２番目（城）

今年度もお話の時間だけで約６分という長文なので、最後まで集中して聞くだけでも大変です。ただ、問題はお話の流れが理解できていれば答えられるものばかりという点も同じなので、それほどそれほど難しい問題とは言えません。問題の観点として長い時間大人しく話を聞いていられるかという点も入っているのでしょう。こうした長いお話に対応するには、聞きながらその場面を思い浮かべるという方法がもっとも効率がよいようです。「ショーンがお城まで飛んでいく」と聞けばその場面を想像してください。イメージすることで自然にお話のポイントが覚えられるはずです。なお、実際の入試では絵がカラーで出題されていますが、特に影響はないのでモノクロの絵を掲載しています。

【おすすめ問題集】

１話５分の読み聞かせお話集①・②、
お話の記憶問題集 初級編・中級編・上級編、Ｊｒ・ウォッチャー19「お話の記憶」

問題25　分野：図形（重ね図形）

〈解 答〉　①○：下段左、下段中　②○：上段中、下段中、下段右

重ね図形と言っても「図形を重ねるとどうなりますか」という問題ではなくて、重なった図形の形を聞くというあまり見ない問題になります。見比べれば答えがわかるので、特に考えることはありません。むしろ選択肢の図形が、上の四角にあるかないか、ということをすばやく判断するということが求められる問題と言えます。時間内に答えるには図形の特徴について把握しておく必要があるので（そうしないと時間内に答えられません）、図形についての学習は無駄になりません。当校では図形問題がさまざまな切り口で出題されるので、多くの問題にあたっておきましょう。

【おすすめ問題集】

Ｊｒ・ウォッチャー35「重ね図形」

問題26　分野：図形（パズル）

〈解 答〉　上段右、下段左（のピース）に○

問題自体はさほど難しいものではないので、確実に正解しておきたい問題です。図形問題は、実際に動かしてみることで理解が深まります。難しいようなら実際に選択肢のピースを切り抜いて、上の絵に当てはめてみてください。実際の入試ではそうすることはできませんが、慣れていない段階であればかまいません。図形の基本的な性質について知れば悩むことはなくなりますが、それまでは多くの問題にあたり、わからなければ実際に紙を切り取り、回転させたり、重ねたりということを繰り返しましょう。そのうちにこうした問題は特に考えることもなく答えがわかるようになります。

【おすすめ問題集】

Ｊｒ・ウォッチャー３「パズル」

問題27　分野：推理（座標の移動）

〈解答例〉　下図参照

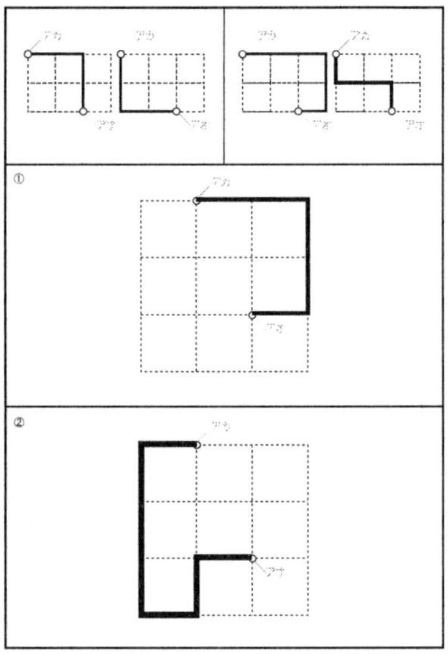

※緑の線を太線で表しています。

本問はかなり複雑な指示なので、まず問題で何を聞かれているかをしっかりと理解することが大切になります。赤の点から、青の点までどのように移動させるか、どういう条件か、といったことを把握しせずに適当に答えると見当違いの答えをすることになります。移動する経路を思いつくのはそれほど難しいことではないので、簡単に答えは出るでしょう。具体的な移動経路も例題として示されるので、ケアレスミスもしないはずです。つまり、思考力よりも理解する能力を測っているのです。指示を聞き逃さず、落ち着いて答えることは小学校受験の基本とも言えます。なお、解答例としているのはほかにも経路あるからです。時間があるようならお子さまに考えさせてみてください。

【おすすめ問題集】

Ｊｒ・ウォッチャー47「座標の移動」

問題28　分野：推理（ブラックボックス）

〈解　答〉　①○：５　②○：３

ブラックボックスの問題です。このように箱を通ると数が増えたり減ったりするという問題がほとんどですが、この問題のように２つ以上の箱を通る場合は混乱しがちなので、落ち着いて順を追って考えるようにしてください。増減する数はそれほど多くないので、数られないということはないはずです。不安なようなら、その段階でいくつになったかを線で表す（「２」だったら「＝」と書く）ようにしてください。余計なことを書くと減点される場合もありますが、資料によれば当校ではそんなことはないようです。

【おすすめ問題集】

Ｊｒ・ウォッチャー32「ブラックボックス」

問題29　分野：数量（選んで数える）

〈解 答〉 ○：8

楽器の大きさがまちまちなのが少し見にくいですが、基本的な「選んで数える」問題です。この種の問題としてはものの種類も数も控え目な方でしょう。できればひと目でどれが多いか少ないかを判断できるぐらいにこの種の問題を解いておいてください。この問題も解答時間はあまり長くありませんが、これより複雑で解答時間が短い問題も他校では出題されています。それに対応できるぐらいの感覚を身に付けておいた方が、将来の学習で役立つはずです。

【おすすめ問題集】
Ｊｒ・ウォッチャー37「選んで数える」

問題30　分野：数量（積み木）

〈解 答〉 ○：左から２番目、△：右から２番目

積み木の数を数える問題は数量の問題です。ポイントは「ほかの積み木の影になっていて見えない積み木を数え忘れない」という1点です。この問題では上から見た積み木も描いてあるので「積み木の向こう側」を考える必要ありません。上に積み木が載っていて見えなくなっている積み木に注意していれば数え忘れることもないでしょう。もちろん、積み木にふだんから親しんでいれば、このような説明がなくても「見えない積み木」がどこにわかるはずです。馬鹿にすることなく、ふだんの遊びに採り入れてください。

【おすすめ問題集】
Ｊｒ・ウォッチャー16「積み木」

問題31　分野：個別テスト（口頭試問）

特に難しいことを聞かれるわけではないので、個別テストのウォーミングアップ的な課題だと考えてください。当校の個別テストは問題数が多く、内容もかなり難しいので、問題を始める前にある程度コミュニケーションを取っておかないとこれからの問題の進め方がよくわからなくなるのかもしれません。答える内容としては、質問に沿ったもので、突拍子のないものでなければ、特に模範的な解答でなくても構いません。にっこり笑って「よろしくおねがいします」ぐらいのあいさつはしたいところです。

【おすすめ問題集】
Ｊｒ・ウォッチャー29「行動観察」

問題32　分野：個別テスト（お話作り）

当然ですが４枚の絵をすべて使った方が評価が高いので、こうした課題が出題された時には思い出してください。ストーリーになっていなくても、４枚の絵をすべて使って、何とかお話らしきものが作れればよいでしょう。口頭試問形式の課題の場合、答えはそれほど重要ではなく、「問題をちゃんと聞いているか」「指示が理解できているか」「どのように考えているか」といった、プロセスやコミュニケーション力が重要ということなのです。

【おすすめ問題集】
新口頭試問・個別テスト問題集、新ノンペーパーテスト問題集、
Ｊｒ・ウォッチャー21「お話作り」

問題33　分野：個別テスト（日常生活）

マナーというか、モラルについての問題です。大げさに言えば「どのように行動するのが、友だちにも自分にもよいのか」と考えるということになりますが、①の回答例を見る限り、ごく当たり前の反応ができれば評価は悪くないようなので、常識的な答えをしておけば問題ないでしょう。また、「こうなったら友だちが困ってしまうから、そうならないように気を使ってあげる」という行動・言動への評価は当然高くなっています。付け焼き刃では逆効果になってしまうので、ふだんの生活でお子さまそういう行動をしたら、すかさず褒めるようにしてあげましょう。

【おすすめ問題集】
新口頭試問・個別テスト問題集、新ノンペーパーテスト問題集

問題34　分野：個別テスト（常識）

〈解答〉 ①野菜ではないから　②ブランコ、乗りものではないから

上の答えを見ると、ずいぶん簡単な質問のように感じますが、これは口頭試問なので、答えるまでのプロセスやコミュニケーションまで評価の対象になっていると考えるとそうでもありません。仲間分け、分類はできるにしても、「それはなぜか」と聞かれるとお子さまはスムーズに答えられなくなるものです。これをスムーズな受け答えにするにはふだんからそういうやりとりに慣れておくことです。保護者の方から質問する、指導するだけではなくてお子さまから質問する、意見を言うといった環境を作りながら受験に向かっていきましょう。

【おすすめ問題集】
新口頭試問・個別テスト問題集、新ノンペーパーテスト問題集、
Ｊｒ・ウォッチャー11「いろいろな仲間」、12「日常生活」

問題35　分野：個別テスト（図形）

〈解 答〉　下図参照

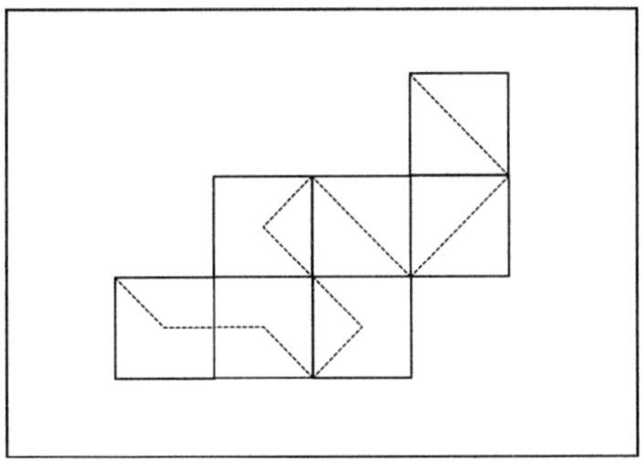

分野で分けるとパズルの問題になりますが、内容としてはかなり難しいものです。考えて進めていきましょう。パズルに日頃から親しんでいると、直感的に線がつながるピースがわかるので有利かもしれませんが、こうしたパズルはあまりないようなので探してまでやっておく必要はありません。この問題ではあまり見かけない問題への対応力、応用力を観ているのです。できた方がよいでしょうが、できなくても考え方や「のびしろ」が見えれば解答の通りに並べられなくても部分点がもらえます。

【おすすめ問題集】
新口頭試問・個別テスト問題集、新ノンペーパーテスト問題集、
Ｊｒ・ウォッチャー11「いろいろな仲間」、12「日常生活」

問題36　分野：行動観察

行動観察なのですが、①②ともに理由を聞いています。単純に正解不正解を求めるのではなく、わからなければどのように考えるかまでを評価しているのです。授業形式で行われた課題なので、積極性や協調性も観点になっていると考えた方がよさそうです。少なくともお楽しみではないので、ふざけたりしないように。長丁場の試験なので気をぬきたくなりますが、なんとかがんばりたいところです。

【おすすめ問題集】
新口頭試問・個別テスト問題集、新ノンペーパーテスト問題集、
Ｊｒ・ウォッチャー29「行動観察」

問題37　分野：制作

作業としては、切ると貼るのみですが、立体的な形をしているので１枚の紙からどうやって作るのかを想像するのが難しいかもしれません。制作の前に、映像で作り方の説明があるのでよく見ておくようにしましょう。作る上でのポイントとしては、紙を筒状に丸めた状態で貼り合わせるところになります。紙が広がってしまったり、うまく貼り合わせることができなかったりすることがあります。はじめにしっかりと丸めて、くせをつけておきましょう。最後に、自由に飾り付けをするのですが、自由だからといって飾り付けをしないということはやめましょう。それほど難しい作業がない分、アピールするチャンスでもあります。思い切って自由に楽しみながら飾り付けをしてください。

【おすすめ問題集】

実践 ゆびさきトレーニング①・②・③、

Ｊｒ・ウォッチャー23「切る・貼る・塗る」

問題38　分野：運動

オーソドックスな運動の課題なので、特別な対策は必要ないでしょう。ただ、苦手な課題があるとしたら、克服しておいた方がよいでしょう。課題がうまくできないからダメということはありませんが、苦手があると、どうしても気持ちが後ろ向きになってしまい、運動課題全体に影響してしまう可能性があります。得意ではないにしても、その課題が嫌ではない程度にはしておきましょう。運動は待ち時間が長いので、自分が課題を行っていない時間の態度も重要になります。おしゃべりをしたり、ふざけたりしてはいけません。また、運動が得意だからといって、軽く流すように課題を行うのはもってのほかです。どんな課題でも一生懸命に取り組むことは最低限のルールです。

【おすすめ問題集】

新運動テスト問題集、Ｊｒ・ウォッチャー28「運動」

問題39　分野：面接

それほど込み入った質問をされることはないので、リラックスして面接に臨みましょう。面接は、本番ではそれほどできることはありません。それまでの子育てや躾の集大成という位置付けになります。だからこそふだんの生活が大切になります。面接をする先生方は、毎年多くの保護者を面接をしてきているので、付け焼き刃の対応はすぐに見抜かれてしまいます。特にお子さまは、面接の時だけ取り繕うなどという器用なことはできません。多少はよそ行きの態度になってしまうかもしれませんが、できるだけ正直に話ができるように、ふだんから心がけておきましょう。面接はアピールの場ではないので、背伸びせず、いつもの姿を見せる気持ちでいることができれば緊張もしないでしょう。

【おすすめ問題集】

面接テスト問題集、新 小学校受験の入試面接Ｑ＆Ａ

昭和学院小学校　専用注文書

年　　月　　日

合格のための問題集ベスト・セレクション

＊入試頻出分野ベスト３

1st　お話の記憶　聞く力　集中力

2nd　図　形　考える力　観察力

3rd　口頭試問　聞く力　話す力　考える力

ペーパーテストの出題範囲は、多岐にわたってバランスよく出題されています。口頭試問においても「聞く」「話す」だけでなく、ペーパーテスト同様の「考える力」が求められる問題が見られます。

分野	書　名	価格(税込)	注文	分野	書　名	価格(税込)	注文
図形	Ｊｒ・ウォッチャー２「座標」	1,650円	冊	数量	Ｊｒ・ウォッチャー42「一対多の対応」	1,650円	冊
図形	Ｊｒ・ウォッチャー３「パズル」	1,650円	冊	数量	Ｊｒ・ウォッチャー43「数のやりとり」	1,650円	冊
図形	Ｊｒ・ウォッチャー５「回転・展開」	1,650円	冊	図形	Ｊｒ・ウォッチャー45「図形分割」	1,650円	冊
言語	Ｊｒ・ウォッチャー17「言葉の音遊び」	1,650円	冊	図形	Ｊｒ・ウォッチャー46「回転図形」	1,650円	冊
記憶	Ｊｒ・ウォッチャー19「お話の記憶」	1,650円	冊	推理	Ｊｒ・ウォッチャー47「座標の移動」	1,650円	冊
想像	Ｊｒ・ウォッチャー21「お話作り」	1,650円	冊	言語	Ｊｒ・ウォッチャー49「しりとり」	1,650円	冊
運動	Ｊｒ・ウォッチャー28「運動」	1,650円	冊	図形	Ｊｒ・ウォッチャー54「図形の構成」	1,650円	冊
観察	Ｊｒ・ウォッチャー29「行動観察」	1,650円	冊	推理	Ｊｒ・ウォッチャー57「置き換え」	1,650円	冊
推理	Ｊｒ・ウォッチャー31「推理思考」	1,650円	冊	言語	Ｊｒ・ウォッチャー60「言葉の音（おん）」	1,650円	冊
推理	Ｊｒ・ウォッチャー32「ブラックボックス」	1,650円	冊		１話５分の読み聞かせお話集①・②	1,980円	各　冊
常識	Ｊｒ・ウォッチャー34「季節」	1,650円	冊		お話の記憶問題集 中級編・上級編	2,200円	各　冊
数量	Ｊｒ・ウォッチャー38「たし算・ひき算１」	1,650円	冊		新口頭試問・個別テスト問題集	2,750円	冊
数量	Ｊｒ・ウォッチャー39「たし算・ひき算２」	1,650円	冊		新ノンペーパーテスト問題集	2,860円	冊
数量	Ｊｒ・ウォッチャー40「数を分ける」	1,650円	冊		実践 ゆびさきトレーニング①・②・③	2,750円	各　冊

合計	冊	円

（フリガナ） 氏　名	電　話	
	ＦＡＸ	
	E-mail	
住 所 〒　　　－	以前にご注文されたことはございますか。	
	有　・　無	

★お近くの書店、または記載の電話・FAX・ホームページにてご注文をお受けしております。
　電話：03-5261-8951　FAX：03-5261-8953　代金は書籍合計金額＋送料がかかります。
　※なお、落丁・乱丁以外の理由による商品の返品・交換には応じかねます。
★ご記入頂いた個人に関する情報は、当社にて厳重に管理致します。なお、ご購入の商品発送の他に、当社発行の書籍案内、書籍に関する調査に使用させて頂く場合がございますので、予めご了承ください。

日本学習図書株式会社
http://www.nichigaku.jp

分野別 小学入試練習帳 ジュニアウォッチャー

1．点・線図形	小学校入試で出題頻度の高い『点・線図形』の模写を、難易度の低いものから段階別に幅広く練習することができるように構成。
2．座標	図形の位置模写という作業を、難易度の低いものから段階別に練習できるように構成。
3．パズル	様々なパズルの問題を難易度の低いものから段階別に練習できるように構成。
4．同図形探し	小学校入試で出題頻度の高い、同図形選びの問題を繰り返し練習できるように構成。
5．回転・展開	図形などを回転、または展開したとき、形がどのように変化するかを学習し、理解を深められるように構成。
6．系列	数、図形などの様々な系列問題を、難易度の低いものから段階別に練習できるように構成。
7．迷路	迷路の問題を繰り返し練習できるように構成。
8．対称	対称に関する問題を４つのテーマに分類し、各テーマごとに問題を段階別に練習できるように構成。
9．合成	図形の合成に関する問題を、難易度の低いものから段階別に練習できるように構成。
10．四方からの観察	もの（立体）を様々な角度から見て、どのように見えるかを推理する問題を段階別に整理し、１つの形式で複数の問題を練習できるように構成。
11．いろいろな仲間	ものや動物、植物の共通点を見つけ、分類していく問題を中心に構成。
12．日常生活	日常生活における様々な問題を６つのテーマに分類し、各テーマごとに一つの問題形式で複数の問題を練習できるように構成。
13．時間の流れ	『時間』に着目し、様々なものごとは、時間が経過するとどのように変化するのかということを学習し、理解できるように構成。
14．数える	様々なものを『数える』ことから、数の多少の判定やかけ算、わり算の基礎までを練習できるように構成。
15．比較	比較に関する問題を５つのテーマ（数、高さ、長さ、量、重さ）に分類し、各テーマごとに問題を段階別に練習できるように構成。
16．積み木	数える対象を積み木に限定した問題集。
17．言葉の音遊び	言葉の音に関する問題を５つのテーマに分類し、各テーマごとに問題を段階別に練習できるように構成。
18．いろいろな言葉	表現力をより豊かにするいろいろな言葉として、擬態語や擬声語、同音異義語、反意語、数詞を取り上げた問題集。
19．お話の記憶	お話を聴いてその内容を記憶、理解し、設問に答える形式の問題集。
20．見る記憶・聴く記憶	「見て憶える」「聴いて憶える」という『記憶』分野に特化した問題集。
21．お話作り	いくつかの絵を元にしてお話を作る練習をして、想像力を養うことができるように構成。
22．想像画	描かれてある形や景色に好きな絵を描くことにより、想像力を養うことができるように構成。
23．切る・貼る・塗る	小学校入試で出題頻度の高い、はさみやのりなどを用いた巧緻性の問題を繰り返し練習できるように構成。
24・絵画	小学校入試で出題頻度の高い、お絵かきやぬり絵などクレヨンやクーピーペンを用いた巧緻性の問題を繰り返し練習できるように構成。
25．生活巧緻性	小学校入試で出題頻度の高い日常生活の様々な場面における巧緻性の問題集。
26．文字・数字	ひらがなの清音、濁音、拗音、拗長音、促音と１～20までの数字に焦点を絞り、練習できるように構成。
27．理科	小学校入試で出題頻度が高くなりつつある理科の問題を集めた問題集。
28．運動	出題頻度の高い運動問題を種目別に分けて構成。
29．行動観察	項目ごとに問題提起をし、「このような時はどうか、あるいはどう対処するのか」の観点から問いかける形式の問題集。
30．生活習慣	学校から家庭に提起された問題と思って、一問一問絵を見ながら話し合い、考える形式の問題集。

31．推理思考	数、量、言語、常識（含理科、一般）など、諸々のジャンルから問題を構成し、近年の小学校入試問題傾向に沿って構成。
32．ブラックボックス	箱や筒の中を通ると、どのようなお約束でどのように変化するかを推理・思考する問題集。
33．シーソー	重さの違うものをシーソーに乗せた時どちらに傾くのか、またどうすればシーソーは釣り合うのかを思考する基礎的な問題集。
34．季節	様々な行事や植物などを季節別に分類できるように知識をつける問題集。
35．重ね図形	小学校入試で頻繁に出題されている「図形を重ね合わせてできる形」についての問題を集めました。
36．同数発見	様々な物を数え「同じ数」を発見し、数の多少の判断や数の認識の基礎を学べるように構成した問題集。
37．選んで数える	数の学習の基本となる、いろいろなものの数を正しく数える学習を行う問題集。
38．たし算・ひき算１	数字を使わず、たし算とひき算の基礎を身につけるための問題集。
39．たし算・ひき算２	数字を使わず、たし算とひき算の基礎を身につけるための問題集。
40．数を分ける	数を等しく分ける問題です。等しく分けたときに余りが出るものもあります。
41．数の構成	ある数がどのような数で構成されているか学んでいきます。
42．一対多の対応	一対一の対応から、一対多の対応まで、かけ算の考え方の基礎学習を行います。
43．数のやりとり	あげたり、もらったり、数の変化をしっかりと学びます。
44．見えない数	指定された条件から数を導き出します。
45．図形分割	図形の分割に関する問題集。パズルや合成の分野にも通じる様々な問題を集めました。
46．回転図形	「回転図形」に関する問題集。やさしい問題から始め、いくつかの代表的なパターンから、段階を踏んで学習できるよう編集されています。
47．座標の移動	「マス目の指示通りに移動する問題」と「指示された数だけ移動する問題」を収録。
48．鏡図形	鏡で左右反転させた時の見え方を考えます。平面図形から立体図形、文字、絵まで。
49．しりとり	すべての学習の基礎となる「言葉」を学ぶこと、特に「語彙」を増やすことに重点をおき、さまざまなタイプの「しりとり」問題を集めました。
50．観覧車	観覧車やメリーゴーラウンドなどを舞台にした「回転系列」の問題集。「推理思考」分野の問題ですが、要素として「図形」や「数量」も含みます。
51．運筆①	鉛筆の持ち方を学び、点線なぞり、お手本を見ながらの模写で、線を引く練習をします。
52．運筆②	運筆①からさらに発展し、「欠所補完」や「迷路」などを楽しみながら、より複雑な鉛筆運びを習得することを目指します。
53．四方からの観察 積み木編	積み木を使用した「四方からの観察」に関する問題を練習できるように構成。
54．図形の構成	見本の図形がどのような部分によって形づくられているかを考えます。
55．理科②	理科的知識に関する問題を集中して練習する「常識」分野の問題集。
56．マナーとルール	道路や駅、公共の場でのマナー、安全や衛生に関する常識を学べるように構成。
57．置き換え	さまざまな具体的・抽象的事象を記号で表す「置き換え」の問題を扱います。
58．比較②	長さ・高さ・体積・数などを数学的な知識を使わず、論理的に推測する「比較」の問題を練習できるように構成。
59．欠所補完	線と線のつながり、欠けた絵に当てはまるものなどを求める「欠所補完」に取り組める問題集です。
60．言葉の音（おん）	しりとり、決まった順番の音をつなげるなど、「言葉の音」に関する問題に取り組める練習問題集です。

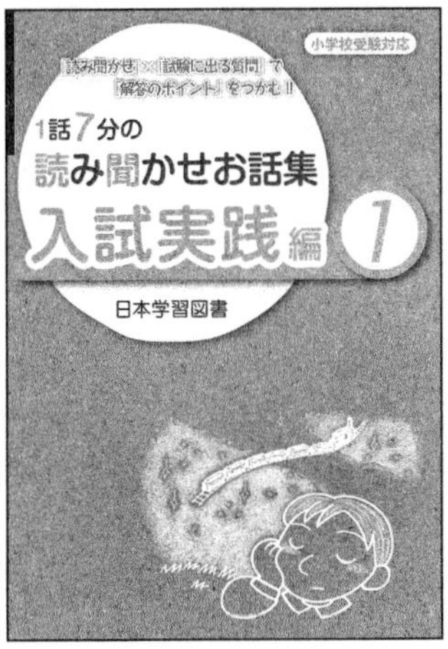

『読み聞かせ』×『質問』=『聞く力』

お話の記憶の練習に最適

1話5分の 読み聞かせお話集①②

「アラビアン・ナイト」「アンデルセン童話」「イソップ寓話」「グリム童話」、日本や各国の民話、昔話、偉人伝の中から、教育的な物語や、過去に小学校入試でも出題された有名なお話を中心に掲載。お話ごとに、内容に関連したお子さまへの質問も掲載しています。「読み聞かせ」を通して、お子さまの『聞く力』を伸ばすことを目指します。

①巻・②巻　各48話

1話7分の読み聞かせお話集 入試実践編①

国立・私立小学校受験対応

最長1,700文字の長文のお話を掲載。有名でない=「聞いたことのない」お話を聞くことで、『集中力』のアップを目指します。設問も、実際の試験を意識した設問としています。ペーパーテスト実施校の多くが「お話の記憶」の問題を出題します。毎日の「読み聞かせ」と「試験に出る質問」で、「解答のポイント」をつかんで臨みましょう！

50話収録

ニチガクの この5冊で受験準備も万全！

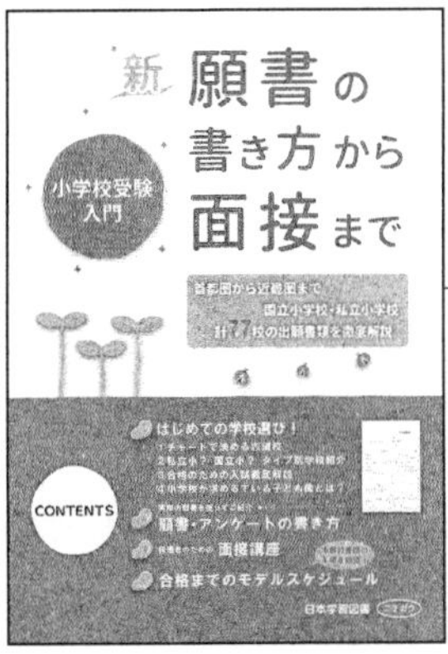

小学校受験入門 願書の書き方から面接まで リニューアル版

主要私立・国立小学校の願書・面接内容を中心に、学校選びや入試の分野傾向、服装コーディネート、持ち物リストなども網羅し、受験準備全体をサポートします。

小学校受験で 知っておくべき 125のこと

小学校受験の基本から怪しい「ウワサ」まで、保護者の方々からの 125 の質問にていねいに解答。目からウロコのお受験本。

新　小学校受験の 入試面接Q＆A リニューアル版

過去十数年に遡り、面接での質問内容を網羅。小学校別、父親・母親・志願者別、さらに学校のこと・志望動機・お子さまについてなど分野ごとに模範解答例やアドバイスを掲載。

新　願書・アンケート 文例集 500 リニューアル版

有名私立小、難関国立小の願書やアンケートに記入するための適切な文例を、質問の項目別に収録。合格を掴むためのヒントが満載！願書を書く前に、ぜひ一度お読みください。

小学校受験に関する 保護者の悩みQ＆A

保護者の方約 1,000 人に、学習・生活・躾に関する悩みや問題を取材。その中から厳選した 200 例以上の悩みに、「ふだんの生活」と「入試直前」のアドバイス２本立てで悩みを解決。

日本学習図書株式会社

家庭学習をトータルサポート！ ニチガクのオリジナル 効果的 学習法

1 まずは アドバイスページを読む！

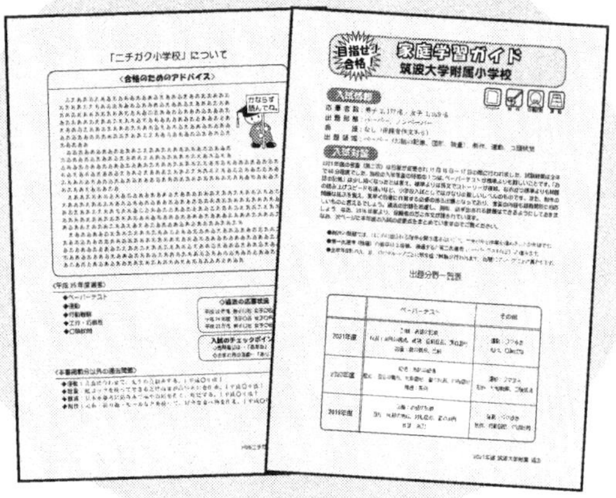

対策や試験ポイントがぎっしりつまった「家庭学習ガイド」。分野アイコンで、試験の傾向をおさえよう！

ピンク色です

過去問のこだわり

最新問題は問題ページ、イラストページ、解答・解説ページが独立しており、お子さまにすぐに取り掛かっていただける作りになっています。
ニチガクの学校別問題集ならではの、学習法を含めたアドバイスを利用して効率のよい家庭学習を進めてください。

2 問題をすべて読み、出題傾向を把握する

3 「学習のポイント」で学校側の観点や問題の解説を熟読

4 はじめて過去問題にチャレンジ！

5 プラスα 対策問題集や類題で力を付ける

各問題のジャンル

問題7 分野：図形（図形の構成） Aグループ男子

〈解答〉 下図参照

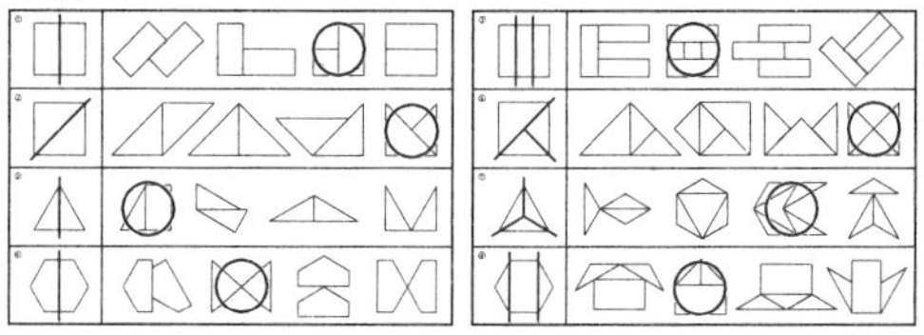

図形の構成の問題です。解答時間が圧倒的に短いので、直感的に答えないと全問答えることはできないでしょう。例年ほど難しい問題ではないので、ある程度準備をしたお子さまなら可能のはずです。注意すべきなのはケアレスミスで、「できないものはどれですか」と聞かれているのに、できるものに○をしたりしてはおしまいです。こういった問題では基礎とも言える問題なので、もしわからなかった場合は基礎問題を分野別の問題集などでおさらいしておきましょう。

【おすすめ問題集】
★筑波大附属小学校図形攻略問題集①②★（書店では販売しておりません）
Jr・ウォッチャー9「合成」、54「図形の構成」

学習のポイント

各問題の解説や学校の観点、指導のポイントなどを教えます。
今日から保護者の方が家庭学習の先生に！

おすすめ対策問題集

分野ごとに対策問題集をご紹介。苦手分野の克服に最適です！
＊専用注文書付き。

2022年度版 国府台女子学院小学部 昭和学院小学校 過去問題集

発行日 2021年7月13日
発行所 〒162-0821 東京都新宿区津久戸町 3-11-9F
日本学習図書株式会社
電 話 03-5261-8951 ㈹

ISBN978-4-7761-5361-0

C6037 ¥2000E

9784776153610

定価 2,200 円

(本体 2,000 円＋税 10%)

1926037020004

詳細は http://www.nichigaku.jp 日本学習図書 検索